[...]XANDRE GAUME

REMARQUES

SUR LES

[...]EVAUX DE GUERRE

PAR

UN ANCIEN SOLDAT

PARIS
[...]RI PLON, IMPRIMEUR-ÉDITEUR
10, RUE GARANCIÈRE

1873

HENRI PLON, IMPRIMEUR-ÉDITEUR
10, RUE GARANCIÈRE, PARIS.

REMARQUES
SUR LES
CHEVAUX DE GUERRE
PAR
UN ANCIEN SOLDAT

PROSPECTUS

Ce livre, comme son titre l'indique, est une suite de remarques sur la production, l'élevage, l'hygiène et l'emploi des chevaux destinés au service de l'armée. Pensant que l'existence entière du cheval se ressent des croisements qui ont déterminé son origine et des soins qu'il a reçus jusqu'à l'âge adulte, l'auteur traite spécialement ces deux importantes questions. Il fait apprécier les qualités et les défauts qui résultent pour les poulains, de l'élevage à l'herbe semblable à celui des bœufs, ou de l'éducation dans les fermes avec un travail proportionné à leurs forces·

Après avoir décrit les aptitudes les plus indispensables aux chevaux que leur service soumet aux exigences de la guerre, à la vie dure et irrégulière qui en résulte, il expose les difficultés que rencontrent les Remontes pour se procurer, avec un budget peu considérable, des animaux remplissant à peu près les conditions nécessaires. Il pense en outre qu'augmenter ce budget serait de la part de l'État, en dehors de la question purement militaire, le vrai, l'efficace encouragement donné à l'agriculture et à l'industrie chevaline de notre pays. Dans tous les cas, la Guerre devrait être mise à même de payer ses chevaux suivant les cours actuels du marché. Ils sont dans les mêmes conditions que les bestiaux qu'elle achète pour l'alimentation des troupes expéditionnaires, et qu'elle paye au moins un tiers plus cher qu'il y a quinze ans.

Le chapitre consacré à la ferrure aussi bien que celui de l'hygiène peuvent intéresser non-seulement les officiers de cavalerie, mais tous les propriétaires de chevaux. A la suite d'expériences faites sur une large échelle, l'auteur est arrivé à conclure que la ferrure française actuelle, convenablement exécutée, est supérieure aux ferrures étrangères, et qu'elle est la seule véritablement praticable en campagne; il prouve qu'elle est la plus simple, la plus rationnelle, c'est-à-dire la moins préjudiciable à l'intégrité du pied, et enfin la plus facilement exécutable en tous lieux et par les ouvriers les plus ordinaires.

Il insiste sur divers points très-importants de l'hygiène des écuries militaires, tels que le travail des chevaux, l'entraînement nécessaire pour qu'ils puissent l'accomplir sans s'user prématurément, la ration, le régime du vert. Ce régime est pour le cheval de guerre une alimentation exceptionnelle; sa prescription demande de la mesure et du discernement, et le choix des chevaux auxquels on l'administre exige la plus grande attention.

La seconde partie du livre est consacrée au travail des hommes et des chevaux dans les régiments, et à des considérations générales sur l'équitation dans la cavalerie. L'auteur croit que l'armée ne forme pas un nombre suffisant de cavaliers adroits et aimant le cheval. Le fait est regrettable, d'abord au point de vue de l'emploi de la cavalerie en campagne; de plus, il est triste de constater que dans un pays où la production et l'élevage des chevaux sont en souffrance, surtout parce que la passion et les connaissances chevalines sont rares, la plupart des hommes formant l'effectif général de la cavalerie passent le temps de leur congé, tant sur le pied de paix que sur celui de guerre, sans s'intéresser suffisamment aux choses hippiques, pour devenir capables de rapporter dans les campagnes françaises des connaissances pratiques profitables à tous.

L'ouvrage se termine, comme nous l'avons dit, par des considérations générales sur l'équitation militaire. Après avoir passé en revue l'enseignement équestre des armées étrangères et l'avoir comparé au nôtre, l'auteur croit qu'au point de vue théorique, nous n'avons rien à envier aux autres pays, qui tous ont plus ou moins copié et suivi les préceptes et les traditions de l'École de Versailles, perpétués jusqu'à nous par le comte d'Aure et les maîtres distingués qu'il a formés. Si chez nous la pratique laisse à désirer, c'est que le goût de l'équitation n'est pas assez généralisé. Aussi conclut-il en disant : « Après tout ce que nous avons imprimé de judicieux depuis un siècle sur les haras, les remontes et l'art de l'équitation, nous devrions être les meilleurs cavaliers et les mieux montés de l'Europe ; en observant seulement la moitié des règlements qui nous encombrent, nous serions très-occupés ; mais nous ne montons à cheval ni avec passion ni avec assiduité. »

PARIS. TYPOGRAPHIE DE HENRI PLON, 8, RUE GARANCIÈRE.

REMARQUES

SUR LES

CHEVAUX DE GUERRE

Ce volume a été déposé au ministère de l'intérieur (section de la librairie) en décembre 1872.

PARIS. TYPOGRAPHIE DE HENRI PLON, 8, RUE GARANCIÈRE.

REMARQUES

SUR LES

CHEVAUX DE GUERRE

PAR

UN ANCIEN SOLDAT

PARIS

HENRI PLON, IMPRIMEUR-ÉDITEUR
10, RUE GARANCIÈRE

1873

AVANT-PROPOS

Plusieurs chapitres de ce livre ont déjà été publiés sous forme d'articles dans le Moniteur de l'Armée *et dans le* Spectateur militaire. *Le bienveillant accueil qu'ils ont reçu m'a fait penser qu'il serait utile de les réunir en un volume, en y ajoutant quelques considérations sur l'équitation dans l'armée.*

Je réclame de nouveau l'indulgence des lecteurs pour ce petit travail, dont l'idée m'a été inspirée par les paroles si justes du général de Brack : « Le » cavalier ne doit vivre que pour son cheval, qui » est ses jambes, sa sûreté, son honneur, ses » récompenses. »

ALEXANDRE GAUME.

Paris, 15 octobre 1872.

REMARQUES

SUR LES

CHEVAUX DE GUERRE

CHAPITRE PREMIER.

De la production des chevaux de guerre.

La mission des officiers de remonte paraît singulièrement ardue lorsque l'on envisage les hasards auxquels est livrée la production des chevaux achetés pour les remontes de l'armée.

La population chevaline de la France forme un total d'environ trois millions de têtes, ce qui donne une moyenne de renouvellement de trois cent mille naissances par an. Dans ce nombre de naissances, qui suppose au moins six cent mille saillies, l'administration des haras, si souvent et si sévèrement appréciée depuis son origine, ne possédant pas plus de mille étalons, pas même le dixième de ceux qu'emploie l'industrie privée, ne peut intervenir pour un chiffre supérieur à quarante mille poulains, en mettant les choses au mieux.

Ce chiffre, dira-t-on, est plus que suffisant pour entretenir notre cavalerie, puisque, sauf les cas exceptionnels, les achats annuels de la remonte ne dépassent pas huit mille chevaux. Mais sur ces quarante mille chevaux, élite de la production, un grand nombre conviennent au luxe et au commerce. L'exiguïté du budget des remontes ne permet pas aux éleveurs de présenter les sujets de valeur, ceux qui résultent d'accouplements faits avec intelligence et réussis. Les haras, de leur côté, sont trop peu dotés par l'État pour exercer l'influence nécessaire à l'amélioration des races indigènes, ou plutôt des chevaux français; car, sauf chez certaines espèces de trait, notre indigénat n'offre plus les caractères tranchés qui autrefois servaient à distinguer ce que nous appelions, avec une certaine exagération, des races, dont la disparition me semble préoccuper outre mesure beaucoup de personnes. L'histoire hippique du pays nous apprend que de tout temps on s'est plaint de l'abâtardissement de ces prétendues races, desquelles il ne faut, je crois, regretter que l'élément oriental infusé à haute dose, par lequel on les régénérait sans cesse, et qui avait fini par s'imprégner profondément en elles.

Tous ceux qui s'intéressent sérieusement à la question chevaline ont vu avec joie placer récemment à la tête des haras l'homme le plus éminent de l'administration au point de vue de l'expérience pratique, des connaissances spéciales, aussi bien que de la grande honorabilité du caractère, M. le baron du Taya. Sans doute les haras ont toujours été animés d'excellentes intentions à l'égard de leur mission amélioratrice; malheureusement, à leur insuffisance matérielle s'est toujours jointe une extrême versatilité dans les idées et les moyens d'action imposés à la direction ou émanant d'elle; de là un incomparable désordre dans les procédés employés. Le fait est que, se maintenir malgré les personnages influents qui demandent périodiquement la suppression de l'administration; s'opposer aux réductions d'un budget déjà trop mince; satisfaire les éleveurs qui voudraient produire à l'aide d'une saillie de quinze francs des chevaux valant mille écus, et contenter la remonte qui demande de bons chevaux de selle à bon marché, ce n'est pas chose aisée. Avouer nettement son insuffisance, c'est s'exposer à une suppression sollicitée souvent de mauvaise foi; affirmer qu'on améliore notablement l'espèce, c'est difficile, vu le nombre des étalons dont on dispose (y compris les étalons approuvés), comparé au chiffre annuel des naissances; assurément la position est difficile; elle l'a toujours été.

C'est par les pères seulement que les haras peuvent concourir à la production; l'État ne fait rien, ou peu de chose, pour les juments qui sont, pour la plupart, mauvaises ou très-médiocres. Dans tous les cas, elles sont rarement les mêmes, ou de la même espèce, chaque année, dans les mêmes lieux; les usages anciens n'ayant plus de crédit, et n'ayant pas de soutien, les enfants, sous prétexte de progrès, font le contraire de ce que faisaient leurs pères; les accouplements sont perpétuellement changés, et d'un autre côté, les étalons ne restent jamais toute leur vie au même lieu; ceux qui leur succèdent ne sont pas régulièrement du même type, et aucun cachet *fixe* d'amélioration n'est profondément imprimé à la production de chaque contrée.

Dans les dépôts de l'État, à côté de carrossiers sans type, qui auraient dû être castrés de bonne heure, pour devenir tout simplement des chevaux de luxe confortables, il y a d'excellents reproducteurs, surtout parmi ceux qui sont fils d'un cheval de pur sang anglais ou arabe. — Nous dirons en passant que tout carrossier, tout cheval de selle, devrait avoir au moins un grand-père de race pure. — Dans la circonscription du Pin, qui n'est pas la moins bien montée, et que nous citerons comme preuve à l'appui, parce qu'il nous a été permis d'y étudier la production, quels sont les étalons qui ont le mieux réussi dans ces trente dernières années? Presque tous ceux qui ont un père de race pure, ainsi :

IMPÉRIAL, par *Eylau*; — IDALIS, par *Don-Quichotte*; — JÉRICKO, par *Biron*; — KOSACK, par *Sylvio*; — LUCAIN, par *Eylau*; — MERLERAULT, par *Royal-Oak*; — PLEDGE, par *Royal-Oak*; — NOTEUR, par *Eylau*; — PRINCE, par *Don-Quichotte*; — QUIA, par *Sylvio*; — SULTAN, par *Tipple-Cider*; — WLADIMIR, par *Sylvio*, — et bien d'autres depuis; BUCI entre autres, dont le père était *Solide*, cheval de demi-sang, mais dont la mère était fille d'*Eylau* et d'une jument arabe non tracée, mais qui passait pour pure.

Malheureusement, quand un étalon nouveau arrive dans une station, les éleveurs l'examinent pour lui trouver des défauts plutôt que des qualités; la besogne est d'ailleurs plus facile, et je me souviens du temps où *Phenomenon*, qui a fait depuis les meilleurs trotteurs de Normandie, était fort peu apprécié : il devait, selon l'avis du plus grand nombre, donner des éparvins à tous ses produits. On envoie au nouvel arrivant des juments d'un ordre inférieur, — et le nombre en est immense, hélas! — et les produits, l'année suivante, ne valent rien. Voilà donc, grâce à la déplorable manie de poursuivre l'amélioration sans s'occuper de l'influence de la mère, un étalon mal jugé, ou au moins jugé sans connaissance de cause. Pour le remettre en faveur, il devient nécessaire de l'envoyer dans un pays où les juments sont d'une qualité supérieure et d'inciter les éleveurs à l'employer. Souvent il y réussit; alors qu'arrive-t-il? Les stations médiocres qui l'avaient réprouvé se plaignent qu'on le leur ait retiré; les bonnes stations le réclament en criant à l'injustice, si on le maintient dans celle où il a commencé à être utile. Il devient difficile de contenter tout le monde. De là ces changements fréquents qui arrêtent, comme nous l'avons dit plus haut, toute amélioration durable.

Nous le répétons : on ne s'occupe pas assez de l'influence de la jument dans l'amélioration des chevaux; quand on examine la plupart de celles qui sont amenées aux stations pour la monte, on ne se sent plus le courage de critiquer les étalons de l'État, et même les autres. On voit trop souvent, même dans les pays qui ont la réputation de produire des poulains de commerce, d'horribles femelles de cent cinquante francs livrées à des mâles qui, après tout, ont, même les plus médiocres, une valeur marchande, une bonne santé, et une construction régulière. Si les bonnes poulinières sont rares, même dans les contrées d'élevage, on doit convenir que dans la plupart de nos départements le spectacle de la monte est vraiment attristant. Excepté de belles et bonnes bêtes de race de gros trait et quelques carrossières appartenant à des propriétaires aisés, les femelles indigènes sont horribles, et c'est par ce côté-là qu'il faudrait améliorer la production.

Ce n'est pas parce qu'on donnera des primes avantageuses à quelques belles juments dans six ou huit régions privilégiées sous le rapport de l'espèce chevaline, qu'on avancera grandement la question. Ces juments, de belle conformation, d'une origine connue, données aux étalons de tête, font des poulains que les haras achèteront plus tard, comme reproducteurs, ou que le grand luxe payera très-cher. La plupart sont la propriété de gens riches, qui n'ont pas grand besoin de l'argent des primes; elles sont déjà, même sans cet encouragement, d'un excellent rapport : on fait bien de les primer néanmoins, car sans elles nous serions obligés de tirer à grands frais nos étalons de demi-sang de l'étranger.

Mais ceux que les encouragements n'atteignent pas, ce sont les petits cultivateurs et fermiers, qui forment la véritable masse des producteurs, et dont les juments font plus spécialement le cheval acheté par la remonte. Que l'on compte les poulinières *à peu près passables* pouvant donner des chevaux de selle ou d'attelage léger en France, dans ce pays où, d'après la statistique, il naît par an 300,000 poulains! Il faut bien excepter les belles juments boulonnaises, cauchoises, bretonnes, percheronnes et ardennaises, puisqu'on les donne presque toujours à des étalons de gros trait :

dès lors, on verra ce qui reste dans nos provinces, même dans l'Ouest, et dans ce Midi autrefois si riche, aujourd'hui si dégoûté de l'élevage des chevaux.

Le Midi, le Limousin surtout, cette vieille pépinière des chevaux d'armes, est dans une situation critique qui inspire un profond intérêt.

Au siècle dernier, il était assez riche pour aider aux remontes des cavaleries étrangères. Les officiers autrichiens y venaient chercher des chevaux dans les prairies; on gardait les poulains jusqu'à l'âge de cinq ou même de six ans, et ils constituaient une espèce de réserve où l'on allait puiser quand on en avait besoin. La race était entretenue par des poulinières *recevant des gratifications du roi*, et par des étalons limousins, fils d'anglais, d'espagnols ou d'arabes. (Almanach limousin de 1789.) La taille des poulinières était, pour la première classe, de quatre pieds huit pouces (1^{m}56), celle des étalons en général, de 1^{m}59; les robes, alezanes ou bai doré.

On cite des propriétaires qui, achetant les poulains au sevrage, aux métayers et à leurs voisins, réunissaient jusqu'à deux ou trois cents poulains dont quelques-uns étaient vendus jusqu'à trois mille francs, chiffre élevé dans ce temps-là. M. de Royère, dont la propriété de Saint-Jean Ligoure appartient à son descendant M. de Vanteaux, était un éleveur très-connu des officiers de cavalerie du siècle dernier.

A mesure que les routes ont été faites en France, et qu'au lieu de voyager à cheval on a voyagé en voiture, on a demandé des chevaux plus forts, que le sol du pays ne pouvait pas produire dans les mêmes conditions que le cheval de selle. En effet, ce n'est pas en implantant des juments normandes et des étalons normands que l'on peut avoir des chevaux de trait dans un pays élevé, où l'herbe est fine, l'air vif et le terrain sec. On n'y parviendra qu'en changeant d'abord la nourriture des produits, en donnant des trèfles venus dans des terres chaulées, en mettant les jeunes sujets dans des herbages plus gras, amendés par des composts : en un mot, il faut que l'agriculture vienne, là plus que partout ailleurs, en aide à l'élevage, c'est à elle à commencer; c'est pourquoi les tentatives de croisement faites prématurément depuis quelques années, ont donné de détestables résultats. Beaucoup de propriétaires de poulinières se sont dégoûtés ou ont encore des poulains dont le commerce ne veut pas, que la remonte trouve trop grands, parce qu'ils dépassent 1m52, et qu'ils sont trop faibles, dit-elle, pour monter des dragons et à plus forte raison des cuirassiers. Pourtant, en prenant de l'âge, ces chevaux deviennent d'excellents chevaux de chasse : témoin Magenta (pas le fils de Lanercost et de Corysandre), cheval de demi-sang, né à Saint-Jean Ligoure, près Nexon, qui, à huit ans, fut vendu 5,000 francs à Paris. Les uhlans, dans la dernière guerre, n'avaient-ils pas des chevaux dépassant de beaucoup la taille réglementaire de notre cavalerie légère?

Les chevaux du Limousin devraient être d'autant plus volontiers achetés par la remonte qu'ils sont très-doux pour la plupart, n'ayant jamais été abandonnés; ils sont rentrés le soir à l'écurie du domaine où ils sont élevés : leur dressage n'offre donc aucun danger. Les chevaux présentés à la remonte sortent pour la plupart de juments très-près du sang anglais, auxquelles depuis cinq ou six ans on a donné le demi-sang anglo-normand, anglo-limousin, ou l'étalon du Norfolk, afin d'obtenir des produits recherchés par le commerce, le prix moyen de ceux que prend la guerre n'étant que de 650 francs,

Il serait à désirer que l'on reconstituât une nouvelle race de poulinières plus fortes, mieux membrées, que l'on pût donner au cheval de pur sang; car les femelles élevées dans le pays sont de bien meilleur entretien que les normandes, habituées aux herbages de l'Orne, du Calvados et de la Manche, qui ne résistent pas aux privations du métayage.

Dans le sud de la Haute-Vienne, et dans la Corrèze, qui fait partie de l'ancien Limousin, les poulinières ont plus de sang arabe, elles coûtent moins à nourrir; leurs produits sont en bon état, ne mangeant jamais d'avoine. Mais si la remonte n'en veut pas, ils tombent à cent écus, comme maximum. Quelques enfants de l'ancienne race anglo-arabe de Pompadour sont véritablement bons. Beaucoup plus sobres que les anglais, ils sont d'un modèle excellent qui ressemble beaucoup à celui de l'ancien type limousin : des hanches, une belle épaule et beaucoup de branche avec des membres forts et solides. Voici ce que nous écrit un éleveur distingué du département de la Haute-Vienne :

« Autrefois le Limousin vendait au commerce » et à la cavalerie : maintenant, il ne vend plus » au commerce et peu à la cavalerie, qui aboutira,

» par ses économies mal placées, à ne plus pou» voir se remonter nulle part. De plus, il fau» drait que les achats fussent plus réguliers, » que l'on élevât un peu la taille des chevaux » de cavalerie légère, au moins pour un certain » nombre de régiments. Nous pourrions, je » crois, revoir des jours meilleurs pour l'indus» trie chevaline, si l'État, après avoir réorga» nisé les remontes de la cavalerie, veut donner » *des primes plus nombreuses ou plus importantes* » *aux poulinières*.

» L'augmentation générale du prix des ani» maux fait que les chevaux payés par la re» monte 650 francs comme autrefois, restent au» dessous de leur valeur. La paire de bœufs » qui, il y a dix ans, valait ici 600 francs, se» rait payée aujourd'hui 900 francs. Il arrive » donc que le petit propriétaire, dans notre » pays, préfère beaucoup ne pas courir les ris» ques de l'élevage d'un poulain, et vendre d'une » manière sûre des veaux chaque année un prix » rémunérateur. Ces réflexions sont encore plus » justes et plus généralisables dans tout le Midi » pour la race arabe. Il sera inutile d'insister » pour la faire reprendre dans un pays, tant » que les chevaux qu'elle donne ne trouvent

» pas de débouchés. Cela est si vrai qu'à la sta-
» tion du haras de Pompadour, établie à Nexon,
» sur soixante-quinze juments saillies en 1871,
» il y en a eu cinquante pour Narvaëz, demi-sang
» normand, vingt pour Zouave, pur sang an-
» glais, et cinq pour l'étalon arabe. Aujour-
» d'hui le Limousin *cherche sa voie*, car il est
» facile de comprendre qu'il ne peut plus suivre
» celle qu'il avait autrefois, du temps où tous
» les chevaux de selle et de chasse sortaient de
» ses prés. »

Il y a dans cette lettre des idées bien justes; il est certain, par exemple, que si les divers régiments de cavalerie légère étaient montés de chevaux de taille différente, depuis 1m48 jusqu'à 1m56, on ne refuserait pas des chevaux excellents, très-près du sang, pour en prendre qui peuvent être plus dans le modèle réglementaire, mais qui ne peuvent faire à beaucoup près le même service. Il y aurait quelques régiments de hussards ou de chasseurs montés en chevaux un peu plus petits ou un peu plus grands que ceux d'autres régiments de la même arme et entretenus par des achats réguliers faits annuellement dans les mêmes localités de production, que cela faciliterait singulièrement à la remonte ses acquisitions, et que cette mesure ne présenterait aucun inconvénient notable; la ration des uns ou des autres serait modifiée en moins ou en plus, et la balance se trouverait équilibrée.

Il est équitable également que la remonte lâche un peu les cordons de sa bourse, pour suivre la progression de l'élevage des bestiaux, qui valent tous beaucoup plus cher qu'autrefois. Enfin, si elle veut que l'on revienne à l'étalon arabe, dont les produits font de merveilleux chevaux de guerre, mais n'ont aujourd'hui aucune autre appropriation et sont par conséquent refusés par le commerce, il faut qu'elle fasse des achats réguliers, des commandes pour ainsi dire déterminées, et l'éleveur, sûr de son débouché, donnera le cheval arabe aux juments du Midi; il fera en Limousin des chevaux d'officiers avec les poulinières que produisent en ce moment dans cette contrée les demi-sang normand, limousin et norfolk.

Voilà la situation dans la zone du Midi; voilà où il est indispensable de s'occuper des poulinières et d'en encourager le nombre, par des primes peu considérables, mais nombreuses, et allant atteindre les petits propriétaires auxquels elles viennent réellement *en aide*. Là, les juments ne peuvent pas payer par leur travail leur nourriture, comme dans d'autres pays. Ni dans la plaine de Tarbes, ni dans les trois départements de la Haute-Vienne, de la Creuse et de la Corrèze, qui forment l'ancien Limousin et un peu de l'ancienne Marche, on ne peut espérer de voir les chevaux utilisés pour l'agriculture, surtout ce cheval léger que produit le sol naturellement. Il faut arriver jusque dans le Berry et le Bourbonnais (Indre, Allier, Cher, une partie du Puy-de-Dôme) pour rencontrer des chevaux de trait employés à la culture. Peut-être l'essaye-t-on sur les confins de l'Allier, dans la Creuse, mais les essais sont rares. On préférera toujours dans ces contrées se servir, même pour la herse et pour le rouleau, d'une paire de génisses qui sont faciles à mener et ne nécessitent aucune dépense de harnais, grâce au joug qui sert depuis quarante ans à leurs pères et mères.

Dans les pays plus riches, où les chevaux sont employés aux travaux agricoles, il faut également arriver, par l'encouragement des primes, à la jument limonière du petit cultivateur. C'est elle qui fait le cheval de grosse cavalerie; c'est elle aussi, malheureusement, qui donne le jour à cette masse de poulains informes par lesquels est abaissé le niveau de notre production, et qui constituent ce nombre considérable de vilains chevaux de service que l'on remarque en France. Elle ne reçoit aucun encouragement, cette jument de limons, si utile, si usuelle; aussi les cultivateurs ne s'en soucient guère, et n'y mettent pas grand prix.

Ce ne sont pas assurément les primes données actuellement à quelques poulinières remarquables qui contribueront notablement à l'amélioration de la masse et au développement de la production des chevaux de guerre; comme nous l'avons dit, leurs propriétaires élèvent plus haut leurs visées, et ils ont raison.

Ce n'est pas pour les petits propriétaires, les plus nombreux aujourd'hui à cause de l'extrême division des terres, que sont établies les écoles de dressage, bonnes à faciliter la vente des chevaux de grand luxe, et hantées par les citadins riches ou les grands marchands de chevaux des villes.

Ce n'est pas pour les cultivateurs modestes que sont faites les courses au trot, qui exigent les frais d'un entraînement complet avec tous ses risques; elles sont du reste organisées de telle sorte qu'on y rencontre parfois, même parmi les vainqueurs, de fort vilains animaux, souvent tarés, usés prématurément, bâtis uniquement en vue de la supervitesse de l'hippodrome, et incapables d'aucun bon service après leur carrière de courses. On y voit même des chevaux castrés concourir pour des prix donnés par l'administration des haras, dont le budget, excessivement maigre, devrait, croyons-nous, se borner à donner des prix sérieux, soit aux pouliches, soit aux trotteurs entiers, qui plus tard donneront, sinon de beaux produits, au moins des chevaux marchant vite et énergiquement, ce qui est utile et pratique. On a beaucoup critiqué les courses des chevaux de pur sang; on a prétendu qu'on n'y voyait plus que des animaux construits uniquement en vue de la vitesse et du jeu, et non plus des étalons d'avenir pouvant améliorer les races après avoir donné le critérium de leurs qualités. Croit-on qu'on ne puisse pas faire, au point de vue du cheval de service, d'attelage et de selle, les mêmes reproches aux courses au trot actuelles?

Les steeple-chases pour chevaux de demi-sang sont-ils bien propres à améliorer l'espèce? Ici la situation est à peu près la même, et de plus il y a une porte constamment ouverte à la supercherie; que de chevaux de pur sang non tracés et non déclarés peuvent se mettre de la partie, avec les atouts dans leur jeu!

En tout cas, ces diverses formes d'encouragement ne sont pas à la portée du petit propriétaire; un certain nombre de riches fermiers ont dévoré leur fortune en courant après les lauriers des hippodromes; il est vrai que d'autres, riches déjà, ont encaissé d'assez jolies sommes, sans que le niveau général de la production se soit sensiblement élevé depuis que tout cela dure.

Des services sérieux, dépourvus il est vrai de l'éclat vaniteux malheureusement en vogue chez nous, mais importants par les résultats, seraient rendus à l'agriculture, s'il se formait dans les départements des sociétés locales n'ayant aucune pensée de centralisation, mais se proposant comme but d'encourager les cultivateurs à mettre un peu plus d'argent et de discernement dans l'acquisition de leurs juments de travail. Ces sociétés pourraient aussi, par une organisation à étudier, faciliter aux petits propriétaires les moyens d'acheter dans les grandes villes ces belles juments vendues à vil prix pour les voitures de louage ou les tombereaux de la voirie, lorsqu'un accident les a rendues impropres aux allures vives, ou leur a fait perdre leur valeur d'animaux de luxe. Beaucoup, en travaillant au pas, ou en étant mises à l'herbage, pourraient donner des produits magnifiques. Des faits isolés et nombreux démontrent que cette opération a fréquemment eu les meilleurs résultats.

Par les souscriptions de ces sociétés et le concours des conseils généraux, des primes cantonales, réglementées simplement mais avec précision, seraient données aux meilleures poulinières *de travail* suitées d'un poulain issu d'un étalon de pur sang, ou d'un étalon demi-sang de l'administration des haras.

Ceux qui vivent aux champs savent quelle émulation résulterait de ces primes; ils savent aussi tout le bien que l'on peut faire dans un canton avec un simple billet de 500 francs judicieusement employé. Une première prime de 250 francs, une seconde de 150 francs et une troisième de 100 francs, données solennellement en un jour de grande foire, ou à l'occasion de la fête patronale, par un jury présidé par le sous-préfet, et composé d'un officier des haras, d'un officier du dépôt de remonte, du conseiller général et de plusieurs notabilités compétentes du pays, exciteraient directement le zèle des paysans, et les stimuleraient bien davantage que le spectacle des courses; ce dernier, fort utile à coup sûr pour développer le goût des chevaux, intéresse vivement les gens de la campagne, il les amuse; mais ils sentent bien qu'ils n'y peuvent pas prendre une part active, et ils ne changent rien à leurs mauvaises habitudes hippiques.

Les primes dont nous parlons devraient être réglementées avec cette condition expresse que toute jument présentée est exclusivement employée aux travaux de culture, et n'est point attelée à une voiture bourgeoise. De cette manière on éviterait les petits scandales et le découragement des paysans en voyant certains gros bonnets, riches et vaniteux, mettre au concours leur jument de calèche, sous prétexte qu'elle laboure quelquefois. — Il faut tout prévoir.

Revenons aux haras : comme il a été dit au début de ce chapitre, cette administration, mal dotée, et n'ayant d'action que sur un des termes de la question, le mâle, ne peut pas tout faire, comme le demandent les esprits irréfléchis. Elle a suivi de trop loin et gênée continuellement dans sa marche, la voie d'amélioration tracée par les Anglais, et adoptée depuis longtemps par tous les pays de l'Europe, et en Amérique, c'est-à-dire l'emploi du pur sang arabe pour les espèces légères des zones méridionales, et du pur sang anglais, qui dérive de l'arabe, pour les espèces carrossières des provinces plus froides. Les autres peuples sont entrés de bonne heure dans cette voie et l'ont suivie avec persistance; aussi leur cavalerie indigène, je le dis à regret, est supérieure à la nôtre. Il est entendu que je ne parle pas de nos régiments, trop peu nombreux, montés en chevaux d'Afrique; ceux-là défient toute comparaison.

Notre infériorité chevaline est diversement interprétée; suivant les uns, les haras, sorte de bouc émissaire, sont la cause de tout le mal; d'autres l'attribuent à l'extrême division de la propriété; d'autres, enfin, à l'extinction des goûts et des habitudes équestres. Il y a dans ces différentes appréciations un certain fond de vérités, mais tout n'est pas là fort heureusement; car, comme il est difficile d'augmenter présentement le budget des haras, et impossible de reconstituer les propriétés féodales, ou de forcer les gens à monter à cheval, la plaie serait incurable.

Ce qu'il faut, c'est démontrer aux propriétaires, petits et grands, que la culture française peut avantageusement utiliser au trait les chevaux distingués, et que la vente de ces chevaux donne des bénéfices plus considérables que celle des animaux communs. Cela étant vrai en Angleterre, dans toute l'Allemagne, et chez nous dans la plaine de Caen, peut être généralisé en France. Pour arriver à ce résultat, les moyens pratiques abondent.

Examinons la production du cheval de trait pour l'armée, du cheval de grosse cavalerie, de cavalerie de ligne et de cavalerie légère.

Pour les chevaux d'artillerie et du train des équipages, fournis par nos races de trait léger, nous pouvons entrer en lutte avec n'importe quelle puissance étrangère. Quand nos bretonnes rustiques, nos petites percheronnes éveillées et nos ardennaises trapues ne parviendront pas à sortir d'une fondrière une pièce ou un caisson, on pourra, sans courir de risques pour l'amour-propre national, appeler des artilleurs anglais ou allemands et les prier de démarrer avec leurs chevaux. Pour ce qui regarde cette cavalerie, je le répète, nous n'avons rien à envier à personne. Peut-être le temps est-il peu éloigné où la tactique moderne exigera des chevaux d'artillerie une vitesse plus soutenue que n'en comportent nos chevaux de trait communs, mais il est permis de dire que, dans l'état actuel de la question, nos attelages militaires sont à l'abri de la critique.

Pourquoi ce résultat? Pourquoi nos chevaux de trait sont-ils supérieurs à ceux de nos voisins, à ceux de nos rivaux? C'est que, chez nous, le cheval de trait léger, dont le caractère distinctif est malheureusement d'être *propre à tout usage autre que la selle*, forme une tribu nombreuse, trop nombreuse. Il est surabondamment produit, parce que la consommation en est immense, indispensable. Celui qui l'élève, avec une sorte d'indifférence, est aussi celui qui l'emploie le plus, qui en retire le plus de travail. Le cultivateur, c'est-à-dire la masse des producteurs, le produit avant tout en vue de ses propres besoins, et c'est pourquoi les services autres que ceux de l'agriculture peuvent aisément se le procurer; il leur est, en quelque sorte, imposé d'avance.

Il y a dans le développement exagéré de cette production des inconvénients graves. Le surplus de la consommation normale des chevaux de trait léger adaptés à l'emploi indiqué par leur conformation, ne trouve de débouché que *faute de mieux*, ou faute d'autres animaux plus satisfaisants, par exemple au point de vue des allures, et néanmoins d'un prix abordable. Cet excédant, devenu très-considérable, nuit à la production du cheval pouvant faire un bon service au trait, et néanmoins apte à porter à peu près convenablement un homme. Et pourtant, quoi qu'on en puisse dire, les juments percheronnes, les bretonnes, les cauchoises, les boulonnaises même, *lorsqu'elles ont de l'ensemble, de l'étoffe, et dans la physionomie un reste de ce cachet oriental qui dénote le sang auquel leurs espèces doivent toute leur valeur;* ces juments-là, dis-je, feraient merveille, étant alliées à des étalons de belle origine, et même à des chevaux de race pure. J'ai les mains pleines des preuves de ce que j'avance là, mais la routine!...

La grosse cavalerie est, sans contredit, l'arme

la plus mal montée. Ce qui frappe dans l'examen des effectifs, c'est surtout le manque d'ensemble, le décousu des chevaux, et, par suite, le manque de résistance et de santé; ou bien, gros mangeurs, ou au contraire délicats à nourrir, lymphatiques et lourds, les animaux de grande taille, dans presque toutes les races, sont peu propres à soutenir les fatigues et les privations d'une campagne dure. Chez nous, les chevaux de réserve sont des carrossiers manqués, rebut du commerce de demi-luxe, pour lesquels, en cas de travail, la ration réglementaire est insuffisante, en grains surtout. Ils sont un embarras pour l'agriculture, dont la remonte devient, à dire vrai, l'exutoire[1]. On se demande si, ques-

[1] A l'appui de cette assertion, citons le rapport du préfet de l'Orne au conseil général en 1870. L'Orne est un centre de production par excellence, qui possède le haras du Pin, le plus beau et le mieux monté de France, les herbages du Merlerault, la plaine d'Argentan, et le pays de Mortagne. Là, les chevaux grands et moyens carrossiers sont nombreux.

Le rapport du préfet justifie notre dire, mais il faut quelquefois lire entre les lignes, à cause de l'extrême prudence imposée au style administratif.

« L'existence à Alençon d'un dépôt de remonte est pour » l'industrie chevaline un débouché des plus précieux, sans » que cependant celle-ci s'applique spécialement à produire » le cheval d'armes ou de guerre.

» Son but étant d'obtenir des sujets que le luxe ou le comtion de parade à part, il est bien nécessaire d'avoir de ces chevaux-là dans l'armée. Je crois pouvoir dire, sans crainte d'être démenti, que la plupart, mal construits et mous dans leurs reins, sont moins aptes à porter vite et long-

» merce puissent lui payer à des prix élevés, elle ne se dé-» cide, par le fait, à présenter à la remonte que ceux dont » les qualités ne répondent pas à l'une ou à l'autre de ces » destinations. Aussi les officiers acheteurs, *tout en ne se* » *refusant pas d'une manière absolue* à accepter les chevaux » qui leur sont amenés dans ces conditions, continuent à » regretter de ne pas rencontrer les qualités qu'ils recher-» chent, malgré les prix aussi rémunérateurs que possible » dans la limite desquels ont lieu leurs marchés.

» L'industrie chevaline, qui comprend la production et » l'élevage, s'applique beaucoup plus dans l'Orne à la première » de ces opérations. Les sujets les plus distingués sont ache-» tés à l'âge de poulains pour les écuries de courses, s'ils » sont de pur sang, ou par des spéculateurs qui les desti-» nent à la reproduction. Les sujets *défectueux* sont castrés, » présentés au commerce, et *sur le refus de celui-ci*, livrés » à la remonte.

» D'autre part, les juments qui les ont produits, et qui ne » paraissent pas devoir être conservées, sont *de préférence* » elles-mêmes présentées à la remonte. Telles sont les con-» ditions dans lesquelles s'opère le recrutement de cet éta-» blissement. A part quelques chevaux de tête ou de car-» rière, dont les prix atteignent jusqu'à 1,900 fr. ou 2,000 fr., » mais dont le nombre est un peu restreint, — huit en 1868, » et cinq seulement en 1869 et 1870, — pour les autres ar-» mes, les prix varient de 640 à 934 fr., chiffre le plus élevé » qui ressorte du tableau des achats opérés.

» Si l'on tient compte de l'improductivité du travail de la » mère, pendant sa gestation et sa nourriture, et de celle » des jeunes chevaux jusqu'à l'âge de quatre ans, on peu

2.

temps du poids, que n'importe quel biquet africain, mesurant 1^{m}50, mangeant au besoin des écorces d'arbre, mais possédant une colonne vertébrale en acier de bonne trempe.

Cette réflexion m'amène naturellement aux

» se rendre compte que, tous frais déduits, la balance n'est » pas en faveur du producteur, alors qu'il en eût été autre- » ment dans le cas où les qualités des sujets auraient permis » d'atteindre, avec le luxe ou le commerce, un prix de 12 à » 1,500 fr. et souvent plus.

» Néanmoins, les éleveurs apprécient les avantages de ce » débouché. — Le dépôt de remonte est pour eux un mar- » ché toujours ouvert, où ils sont certains de trouver ac- » quéreur *à des prix qu'on ne leur offrirait pas ailleurs*, et » c'est ainsi que chaque année le nombre des achats varie à » leur profit de 4 à 500 fr.

» En 1868, 447 chevaux ont été achetés 392,040 fr.

» En 1869, 485 ont été achetés 405,730 fr.

» Enfin, dans les cinq premiers mois de 1870, 318 ont » atteint le chiffre de 269,550 fr.

» Dans les derniers mois du premier trimestre de 1870, » les officiers acheteurs auraient pu, comme tant d'autres, » profiter de la baisse anormale que l'influence de la séche- » resse avait produite dans les cours. Mais, obéissant autant » à des sentiments de loyauté qu'à leurs instructions, ils ont » continué à offrir aux vendeurs le prix résultant de la valeur » réelle des sujets présentés, et jamais les services rendus à » l'élevage n'ont été plus appréciés, à un moment où, cha- » cun le sait, des chevaux pouvant encore faire un bon ser- » vice, et offerts à des prix désastreux, 100 fr., 50 fr. » même, ne trouvaient pas acquéreur à défaut d'herbes ou de » fourrages pour les nourrir.

» Indépendamment de la faculté qu'ont les éleveurs de » présenter leurs chevaux en tout temps à la remonte, » MM. les officiers font de fréquentes tournées d'achat an-

chevaux de ligne ou de cavalerie légère; je dis : *ou*, car ces chevaux pourront être ramenés au même type et à la même taille, si l'on envoie dans les régiments des hommes de moyenne taille, souples et légers, pouvant, par consé-

» noncées à l'avance suivant un itinéraire fixe. Ils profitent » de leur présence sur les lieux pour visiter les poulains, en » prendre note, les retenir pour ainsi dire, en encourageant » les éleveurs de leurs conseils sur les soins à prendre de ces » jeunes bêtes, et par ce moyen, d'année en année, il leur » est possible d'évaluer les ressources chevalines du pays » pour les opérations dont ils sont chargés.

» Aussi, malgré les plaintes qui se sont élevées naguère » contre les exigences de la remonte, et qui ne se sont pas » renouvelées, pouvons-nous dire que le dépôt d'Alençon » rend les plus grands services au pays, et que l'extrême » loyauté qui règle le cours de ses achats lui a justement » mérité la *confiance* des éleveurs. » Confiance est un mot réussi.

Ce rapport peut se passer d'analyse. Une seule chose m'étonne singulièrement; le préfet congratule les officiers acheteurs, parce que « dans les derniers mois du premier semestre de 1870 », ils n'ont pas profité de « la baisse anormale produite par la sécheresse sur le prix des chevaux. » En cela, dit-il, « ils ont obéi autant à des sentiments de loyauté qu'à leurs instructions. »

Or, je me demande en quoi l'on manquerait à la loyauté la plus chatouilleuse, en achetant tout simplement une marchandise quelconque au prix du cours; surtout quand on n'est en rien la cause de l'abaissement de ce cours, quand on agit dans le but le plus désintéressé, et que l'on paye avec les deniers de l'État, c'est-à-dire ceux des contribuables.

Quant aux instructions adressées aux officiers acheteurs, nous ne les connaissons pas; — Évidemment ils n'avaient pas à les discuter, mais à les suivre. — Mais il est au moins

quent, manier les chevaux avec adresse et sans les ruiner.

Le cheval dit de dragon, et celui de cavalerie légère, sont les meilleurs que produise notre territoire; ici encore, nous n'avons rien à en-

bizarre qu'en mai et juin 1870, quelques jours avant d'entreprendre une guerre nécessairement coûteuse, — depuis elle est devenue ruineuse, — alors que le premier, le plus vraiment patriotique intérêt du pays était de monter sa cavalerie aux meilleures conditions possibles, on ait choisi ce moment pour songer à conserver aux éleveurs de chevaux des bénéfices que les chances mauvaises de la température leur avaient inévitablement enlevés.

Singulière contradiction! en temps de paix, quand le pays est riche, et que rien ne menace cette prospérité, le mince budget des remontes est insuffisant, non pas seulement pour encourager efficacement l'élevage, mais même pour remonter convenablement la cavalerie, en atteignant tant bien que mal les prix courants du marché. Et à la veille d'entrer en campagne, avoir par la force des choses cette chance inattendue de pouvoir payer de bons chevaux très-bon marché, et préférer les acheter au-dessus du cours, nous trouvons que c'est là une opération regrettable.

D'ailleurs, si cette opération a pu profiter directement à certains éleveurs besoigneux, et les préserver de la ruine, le cas est rare. Elle a eu pour principal résultat de remplir les poches d'un grand nombre de marchands de chevaux et de maquignons de village. Ces hommes, après avoir dépeuplé les campagnes ravagées par la sécheresse, de chevaux acquis à vil prix, les ont revendus à la remonte en entrecoupant de gémissements des contes à dormir debout sur les difficultés qu'ils avaient éprouvées pour se procurer ces animaux.

C'est surtout, je le répète, un petit nombre de spéculateurs adroits qui ont profité des instructions libérales dont parle le préfet.

vier à autrui. La France possède, depuis plus de quarante ans, l'Algérie, cette patrie de Godolphin-Arabian et de tous ces chevaux barbes qui ont formé en grande partie la race anglaise; nous avons la plaine de Tarbes, le Limousin et l'Auvergne, où le sang oriental a laissé de profonds témoignages de sa puissance régénératrice, et où le cheval léger peut être produit à petits frais. Avec ces ressources-là nous pouvons non-seulement élever les meilleurs et les plus robustes chevaux de cavalerie légère, mais encore nous devons, si nous sommes colonisateurs et agriculteurs industrieux, établir chez nous le marché des premiers chevaux de selle du continent.

Un pays qui sait produire de bons chevaux n'a pas besoin de faire exprès le cheval de guerre; il le trouve sans le chercher dans le courant de sa production, incessamment stimulée par la certitude d'une consommation immense et permanente. Les exigences du commerce alimentent tous les besoins de la cavalerie, par cette seule raison que la vente à grand prix d'un cheval de luxe fait élever vingt chevaux de remonte.

CHAPITRE DEUXIÈME.

De l'élevage. — Des achats.

ÉLEVAGE.

Les chevaux sont élevés de deux manières, soit à l'herbage, au milieu des bœufs jusqu'à l'âge de la vente, soit dans les exploitations agricoles où le travail des poulains est utilisé de bonne heure. La différence de ces méthodes implique une extrême dissemblance entre les résultats, au point de vue du tempérament, du caractère et même du modèle des produits.

Dans le premier cas, les animaux élevés exactement comme des bêtes de boucherie, ne mangent pas d'avoine; en général elle est rare et chère dans les pays de prairies où cet élevage est pratiqué; en y ajoutant les frais de transport, on arriverait pour un cheval de quatre ans à un prix de revient tellement élevé, que la vente ne donnerait aucun bénéfice au propriétaire. Très-longs à mettre en service, ces animaux ne sont d'aucune ressource pour entrer en campagne, longtemps encore après leur répartition dans les escadrons. Ils deviennent sujets aux maladies occasionnées par l'inaction et par l'excès de viande graisseuse, spécialement ceux du Nord, de l'Ouest et du Sud-Ouest; beaucoup moins ceux du Midi, où la richesse et la chaleur du sang oriental n'ont pas encore disparu, où le climat est sain et les herbes toniques. C'est un grand travail que de les débarrasser, sans tarer les membres, de cet amas de graisse, qui, cachant les défectuosités, leur tient le poil brillant, le corps replet, les jambes fluettes ou empâtées suivant le tempérament, et en fait fatalement de jolis bœufs Durham. Cette besogne prudemment faite, réussit pour ceux qui originellement sont dotés d'un tempérament sanguin, ou nerveux-sanguin; quant aux lymphatiques, élevés dans de semblables conditions, aucune hygiène ultérieure n'est capable de les relever; ils vont empoisonner les régiments de morve et de farcin.

Il faut des gens adroits et patients pour habituer ces chevaux au travail, sans dommage pour les organes de la respiration, et sans l'immédiate manifestation de tumeurs molles aux membres, vessigons et molettes. Les pieds, quelle que soit leur conformation, sont sains mais très-délicats, et sensibles aux premières ferrures, qui exigent des précautions; toute chaussure les gêne, comme elle gênerait un homme arrivé à la virilité, après avoir jusque-là toujours marché pieds nus sur des tapis moelleux.

Au moral, ces animaux ayant vécu dans un état d'indépendance presque absolu, éloignés des caresses et du contact de l'homme, conservent une sauvagerie innée, une susceptibilité farouche qui les rend difficiles à monter et qui se trahit, longtemps encore après le dressage, par une défiance extrême du cavalier, et aussi des objets extérieurs. Cela est d'autant plus regrettable que leur faiblesse musculaire étant au niveau de leur caractère quinteux, ils s'épuisent et se tarent dans des luttes sans profit.

Néanmoins les chevaux d'herbe, présentés à la vente, ont un aspect séduisant. Cet embonpoint, cette robe lustrée, ce regard sauvage dont l'étrange expression est souvent prise pour de l'énergie; ces membres, qui n'ayant jamais connu le travail, paraissent sans tache au bout de la longe, ces allures élevées que l'effarement improvise, tout cela forme un beau tableau; mais quel trompe-l'œil! La vérité est que, pour transformer ces animaux-là en chevaux de guerre, il faut les loisirs d'une longue paix. Dans le Midi, nous l'avons dit plus haut, la production de sang arabe seule fait exception.

Les chevaux que la remonte achète dans les pays de culture sont préférables pour les raisons inverses. Ils ont été nourris au grain, leur tempérament est devenu rustique, leurs muscles sont durs; *ils ne seraient pas bons à manger pour les gourmets*. La respiration est facile, la digestion vive. Les sabots sont moins tendres. Enfin, beaucoup ont fait leurs gourmes de bonne heure; en tout cas, ces affections sont généralement peu graves. Quant au caractère, ce point essentiel pour le cheval d'armes, les habitudes précoces de soumission et de travail sont de bonnes garanties; aussi le dressage à la selle ne présente-t-il pas de difficultés sérieuses.

Un autre avantage considérable, c'est que le plus grand nombre des mâles ont été castrés de bonne heure, beaucoup de fermiers redoutant la turbulence des poulains entiers, auxquels il faut des écuries particulières, des parcours clos et isolés; tandis que les autres, plus sobres et plus paisibles, vivent au milieu des poulinières, des vaches et des moutons.

La castration hâtive n'est pas encore suffisamment généralisée dans les pays d'herbages dont nous avons parlé plus haut; on y est trop porté à croire que tout poulain à peu près sain et net deviendra un étalon magnifique, et l'on retarde outre mesure une opération qui, faite de bonne heure, donne des résultats importants pour l'avenir des chevaux de service. Elle empêche, surtout chez les animaux communs qui forment la majorité des chevaux de troupe, la tête, l'encolure et les épaules, déjà originellement massives, de se charger au détriment du train postérieur; ce qui rend le cheval lourd, maladroit, pesant à la main, et ôte à la solidité, à la vitesse et à la durée de son service.

Au sortir de la charrue, malgré quelques semaines de repos et de bonne nourriture, suivies de la toilette de rigueur, les chevaux présentés aux officiers acheteurs sont moins « fleuris » que les bêtes sauvages échappées des prairies. Ils ont un petit air modeste, et ne se font pas valoir; leur attitude est négligée, voire même nonchalante, en dépit des contorsions diverses de leurs propriétaires indignés. Quelques-uns ont les jarrets ou les boulets déjà éprouvés. Les officiers réellement connaisseurs, ceux dont l'expérience s'est formée par l'emploi et l'observation des chevaux plutôt que dans les livres, sont aussi indulgents que leurs instructions le comportent, pour les stigmates du travail chez un cheval d'un bon type et d'une énergique nature, qui a donné trop généreusement dans le collier. Ceux-là pensent, et nous sommes de leur avis, que quelques raies de feu, mises à un tel animal dès son arrivée au dépôt, le tareraient sans doute au point de vue du luxe, mais qu'il vaudrait cent fois mieux ainsi pour la guerre qu'un animal oisif ayant les membres aussi nets, aussi vierges qu'un veau, mais jouissant également de l'énergie bien connue et des belles allures de ce jeune ruminant.

Nous dirons à ce propos qu'en France, par des considérations de coquetterie vaniteuse, le feu n'est pas employé assez souvent, assez tôt et assez profondément, pour les chevaux de quelque valeur; aussi on conteste fréquemment son efficacité; le fait est que, mal employé, il ne sert à rien. Voyez en Angleterre : non-seulement les grands steeple-chasers, qui sont hors de prix, mais les chevaux payés si cher pour le rude travail de la chasse au renard; beaucoup sont couturés de raies de feu. En Afrique, regardez les chevaux auxquels les Arabes riches attachent la plus grande valeur, les vrais chevaux de fond et de vitesse; certes, la faucille rougie ne leur est pas épargnée.

Les hippologues et les écuyers de tous les temps nous ont fait du cheval de guerre, des portraits qu'on n'accusera pas de réalisme. Déjà, en 1756, Gaspard de Saunier disait avec solennité : « De tous les animaux, il n'en est » point qui exige plus de perfections : car, » quand on réfléchit à tout ce qu'un cheval de » guerre est obligé de faire et de souffrir, quand » on pense aux difficultés et à la longueur des » marches qu'il doit soutenir sans rafraîchisse» ment, à la variété et à la promptitude des » mouvements que l'ordre d'une armée exige, » à la pesanteur des équipages et des trousses » dont on le charge, à toutes les rigueurs des » saisons, qu'il doit essuyer au grand air du» rant toute une campagne, à la rapidité et à

» l'intrépide courage dont il a besoin pour se » tenir ferme dans l'horrible bruit des actions, et » voler dans la précipitation des déroutes; quand » on s'arrête sérieusement à considérer la me- » sure, le poids, le nombre de tous ces travaux, » on reconnaît bientôt que, pour les opérer » adroitement et longtemps, il faut un cheval » de premier ordre, qui soit doué de grands ta- » lents. »

Puis il consacre six pages *in-folio* à décrire les qualités du phénomène, auquel il demande des perfections à l'infini. Il réclame même : « les salières remplies; les barres dures et » larges, pour saisir le mords sans se blesser », et va jusqu'à exiger l'intrépidité, « l'intrépi- » dité étant une qualité aussi nécessaire au che- » val qu'à l'homme, afin qu'il puisse entendre » et voir sans émotion le tonnerre continuel des » batteries, le feu des armes, les soupirs, les » cris, les hurlements des combattants, les ruis- » seaux de sang et les tas de cadavres qui l'en- » vironnent de toutes parts. »

Il serait difficile, avec le budget actuel des remontes, de se procurer aujourd'hui des animaux aussi parfaits.

Les modernes, plus positifs, se contenteraient volontiers, pour le cheval de guerre, du type suivant : tête carrée, bien attachée, encolure longue et musclée, garrot très-élevé, dos court et large, le rein de même, la croupe longue, bien nourrie; poitrine haute et profonde, flanc arrondi, épaule très-oblique, avant-bras long à muscles nettement dessinés, genou large, tendons très-détachés et forts; paturon court, régulièrement incliné; pied bon, fesses bien culottées, jambe accentuée, jarret large; des allures franches et développées, un caractère aimable, et un tempérament à toute épreuve.

Pas dégoûtés, les hippologues! Assurément, tout cela, dans une moyenne de prix de six à neuf cents francs suivant les tailles, c'est fort agréable à rencontrer; on pourrait même, sans inconvénient, y mettre mille écus. — *Rara avis.*

Soyons moins exigeants; si l'on peut, aux prix actuels, se procurer d'une manière constante des chevaux de troupe ayant, avant tout *et par-dessus tout*, d'excellents pieds; quatre jambes bien d'aplomb, à peu près nettes, et des jarrets exempts d'éparvins; — un dos assez ferme pour porter facilement un homme; — la poitrine saine, et un estomac robuste ne dédaignant pas, au besoin, les écorces d'arbre; —

une tête bien attachée et pas trop lourde; — un caractère doux et des allures régulières de vitesse moyenne; — un tempérament moitié sanguin, moitié nerveux, mais surtout rustique :

On aura bien employé l'argent de l'État.

ACHATS.

Depuis longtemps la remonte fait tous ses efforts pour encourager autant qu'il est en son pouvoir les éleveurs de chevaux. Déjà l'ordonnance du 11 avril 1831, point de départ du système général de remonte créé par le maréchal Soult, contenait les dispositions suivantes, qu'il est utile de rappeler :

« L'achat est direct. Il est expressément in-» terdit à tout officier acheteur d'opérer avec » des hommes connus pour se livrer au maqui-» gnonnage et au commerce des chevaux.

» L'achat direct est pour les éleveurs le plus » puissant encouragement; non-seulement il les » fait profiter du bénéfice que feraient sur eux » les marchands, mais encore il les soustrait à » la concurrence des chevaux étrangers.

» Les remontes sont indigènes, afin d'ouvrir

» un débouché assuré à l'industrie privée et » d'empêcher l'importation étrangère. Les achats » sont permanents, et calculés sur le chiffre de » la remonte, égal au septième de l'effectif de la » cavalerie.

» La permanence de ces achats assure aux » éleveurs le placement immédiat de leurs pro- » duits; ils évitent ainsi les frais qui résulte- » raient pour eux de la nécessité d'attendre » l'époque déterminée pour leur vente. »

Ces dispositions sont certainement protectrices. Si néanmoins elles demeurent insuffisantes pour assurer un bon contingent à la cavalerie, et si leur exécution ne peut pas être toujours observée dans la pratique, cela tient à une cause de premier ordre.

Les gouvernements qui se succèdent en France avec une rapidité vertigineuse, ne manquent pas de proclamer tous à leur avénement, que « l'État doit intervenir directement dans la » production chevaline pour assurer la remonte » de la cavalerie; qu'il importe que l'armée » puisse trouver dans le pays même des chevaux » en quantité et en qualité suffisante, en cas de » guerre. »

Cela dit, les uns retranchent une certaine

somme au budget des haras, les autres la lui rendent, et les choses restent en l'état. On se garde bien d'augmenter le budget des remontes de manière à le tenir régulièrement au niveau du prix courant des chevaux. Là est pourtant toute la question. C'est une vérité, et si, en présence de nos embarras financiers, le moment est peu propice pour la dire, elle n'en subsiste pas moins, et tôt ou tard il faudra aviser.

L'élevage est une industrie; là où cette industrie réussit pour le commerce, elle devient forcément favorable aux remontes militaires pour lesquelles il est difficile de la spécialiser aujourd'hui. Celle des chevaux de trait est prospère, aussi l'artillerie et le train trouvent facilement à s'alimenter. Celle des chevaux d'attelage pour le luxe s'est notablement étendue, aussi la cavalerie trouve encore des ressources en achetant les animaux inférieurs en taille et en qualités, refusés par le commerce. — Celle des chevaux de selle proprement dits, l'industrie du Midi, est en souffrance, aujourd'hui où l'on ne monte plus à cheval, et où l'on voyage en voiture légère sur des chemins partout améliorés; aussi la remonte commence à opérer très-difficilement dans le Midi.

La guerre a particulièrement besoin des produits du Midi : mais là où pourtant elle est seule, sans concurrence, sans que le commerce lui dispute le terrain, elle ne peut, grâce à l'insuffisance de ses prix, empêcher l'industrie de péricliter. Et pourtant le Limousin, l'Auvergne, Tarbes, tout ce pays qui ne gagne plus d'argent avec les chevaux de troupe et qui cherche à produire malgré lui, en dépit du climat, du sol, de l'état peu avancé de l'agriculture, des métis anglo-normands pour le commerce; ce pays, c'est la vraie pépinière des chevaux d'armes. Et il finira, si l'on n'y prend garde, par ne faire naître que des veaux.

On me dira que c'est encore la remonte qui soutient un peu l'élevage des chevaux du Midi, qui sans elle n'ont pas de raison d'être, ne servant avantageusement ni au luxe ni au trait; mais précisément, si elle ne le soutient pas suffisamment pour l'empêcher de tomber, la chute ne pourra être retardée par personne. Donc il faudra aviser prochainement.

Quels vigoureux et braves chevaux on aurait, si l'on payait dans le Limousin et la plaine de Tarbes le prix que l'on met aux carrossiers manqués et sans nature, achetés ailleurs pour la cavalerie de réserve et même pour celle de ligne, qui dévorent une bonne partie de l'argent consacré aux achats!

Une cavalerie pesante est utile, il est vrai, dans les chocs de cavalerie, où de petits chevaux viennent se briser contre le mur résistant opposé par un ennemi supérieur en taille; mais on ne saurait allier la pesanteur à la vitesse et au fond. Or, si le rôle principal de la cavalerie se modifie; si l'on se décide enfin à abandonner les chevaleresques et inutiles engagements de front contre de l'infanterie non ébranlée ou de l'artillerie en position; — si la cavalerie est surtout employée à éclairer efficacement en se portant à de grandes distances, à se mettre en contact avec l'ennemi, à relier les corps d'armée et à leur servir de rideau, il lui faudra des chevaux adroits, agiles, joignant au fond la vitesse nécessaire pour que les éclaireurs puissent rapidement prévenir ceux qui les suivent des dispositions de l'ennemi. — Si encore on s'en sert particulièrement « pour prolonger les » lignes de bataille, exécuter de grands mouve- » ments tournants, et se porter au loin avec de » l'artillerie dont elle devient le seul soutien

» possible[1] », elle aura plus que jamais besoin de résistance et d'haleine.

Dans ce cas, ne pourrait-on pas diminuer, dans une proportion à étudier, l'effectif de la grosse cavalerie, pesante il est vrai, mais lente, difficile à remuer, et en revanche coûteuse à monter, à nourrir, à équiper et à armer; et augmenter celui des cavaleries de ligne et légère, bien plus en rapport avec l'artillerie actuelle?

Nous l'avons dit, les éleveurs sont des fabricants; ceux du Midi fabriquent spécialement pour l'administration de la guerre; celle-ci ne paye plus les produits à un chiffre suffisant et proportionnel à l'augmentation des matières premières. Qu'arrive-t-il? La fabrique, n'étant liée par aucun contrat, change son outillage pour s'adresser, si elle peut, à une autre clientèle payant mieux. Ou bien, n'y réussissant guère, elle se transforme complétement, et devient d'usine à chevaux usine à vaches, les fromages et la viande offrant un débouché constant et un gain assuré.

Là donc est la source des embarras de la

[1] *La cavalerie française*, par le lieutenant-colonel Bonie.

remonte; aussi, malgré les dispositions réglementaires citées plus haut, elle en vient, surtout quand les achats sont pressants, à s'adresser aux maquignons, aux marchands, et par conséquent, le cas échéant, à l'importation étrangère; alors Dieu sait quels chevaux on est obligé d'acheter, et à quel prix bon gré mal gré on est forcé de les payer!

Dans notre pays, où l'argent du Trésor est souvent dépensé à l'étourdie, en prodigalités futiles, on n'a jamais voulu comprendre qu'augmenter le budget des remontes serait de la part de l'État, en dehors même de la question purement militaire, le vrai, l'efficace encouragement donné à l'agriculture et à l'industrie chevaline; au moins devrait-on mettre la Guerre à même de payer ses chevaux suivant les cours actuels du marché! Quand elle achète des bœufs sur pied pour l'alimentation des troupes expéditionnaires, on ne s'étonne pas qu'elle paye cette viande au moins un tiers plus cher qu'il y a quinze ans. Les chevaux sont dans les mêmes conditions.

Les instructions prescrivent d'acheter des animaux de cinq à huit ans; huit ans, c'est un peu court. A cet âge, beaucoup de chevaux commencent seulement à atteindre le maximum de leurs qualités de fond et de solidité; ils sont moins coûteux en général que ceux de cinq ans, et pourtant ils ne présentent pas les mêmes chances de maladie et de mortalité. Les travaux de la commission d'hygiène hippique établissent à environ 50 pour 1000 de l'effectif général la mortalité des chevaux de quatre ans, — et il y en a beaucoup, l'usage étant d'accorder cinq ans aux sujets dont la dent caractéristique de cet âge est sortie prématurément par suite de l'extraction généralement opérée du coin de lait; — pour les chevaux de cinq ans faits, la mortalité est de 40 pour 1000; pour ceux de six ans, de 25; elle tombe à 20 pour ceux de huit ans. Ces chiffres éloquents parleraient mieux encore si l'on pouvait dresser *exactement* la statistique après une rude campagne faite en hiver, au milieu des privations.

En raison de ces calculs, les officiers acheteurs devraient être officiellement autorisés à acheter en tout temps des chevaux de neuf à dix ans, d'un bon type, nets de membres et en pleine force. Souvent ils se procureraient des animaux excellents, que la vanité, le caprice, l'amour du changement font mettre en vente à l'époque de leur vie où ils sont les meilleurs. Il n'y aurait d'ailleurs aucun risque pour la responsabilité d'une commission, à acheter de semblables chevaux avec garantie et en les faisant essayer très-sévèrement devant elle.

Quant à nous, pour entrer en campagne, nous préférerions cent fois un cheval de dix à douze ans, de bon appétit et bien sur ses jambes, au cheval de cinq ans et même de six ans, tout flambant neuf et de belle apparence; et il est à présumer que c'est celui-là que nous ramènerions, sauf le cas à prévoir, pour lui comme pour nous, d'un vilain trou dans la peau.

Réformer promptement les jeunes sujets de mauvaise nature, maladifs et impropres à un vrai service, serait très-économique : ces animaux qui se traînent d'infirmerie en infirmerie reviennent à un prix fabuleux avant d'avoir porté une selle, et ils ne font, après avoir été longtemps et inutilement drogués, que de détestables rosses. En les revendant au plus tôt, on en tirerait encore un certain prix à cause de leur âge.

Mais le bon cheval hors d'âge, le bon vieux cheval, avec quelle réserve prudente il faut lui fendre l'oreille, bien que l'opération ne soit plus pratiquée que moralement! C'est le vrai noyau d'une cavalerie sérieusement prête. C'est l'outil par excellence, et cela dans tous les métiers, dans les écuries des services publics, les écuries industrielles, les écuries agricoles. C'est lui qui fait la besogne dure; lui, sur lequel on peut toujours compter, qui n'est jamais malade et s'accommode de tous les régimes. Vieilli dans le travail, il devient pour ainsi dire éternel, et ne paraît pas plus fatigué à seize ans qu'à douze. L'usure n'arrive que quand il cesse de se bien nourrir, lorsque la digestion se fait avec lenteur et que l'assimilation est moins active.

Les vieux chevaux de réforme de l'armée, achetés pour la plupart par des loueurs de voitures, font souvent, pendant plusieurs années, un service qui tient du prodige, et dont seraient parfaitement incapables les meilleurs chevaux de cinq ans au moment de leur répartition dans les escadrons.

Pour moi, quand je vois un bon vieux cheval quitter sans autre motif que l'âge une écurie où il fait encore, sans broncher, un service complet, je ne puis m'empêcher de penser qu'il en faudra acheter deux ou trois jeunes plus ou moins mauvais avant de trouver son équivalent.

CHAPITRE TROISIÈME.

De la ferrure.

Avant d'entrer en matière, il nous semble utile d'énoncer les deux principes qui servent de base à ce chapitre. Premièrement, les chevaux de l'armée doivent être choisis, *avant tout*, avec de bons pieds; en second lieu, la ferrure la plus simple, la plus rationnelle, c'est-à-dire la moins préjudiciable à l'intégrité du sabot, la plus facilement exécutable en tous lieux et par les ouvriers les plus ordinaires, enfin la moins coûteuse, doit être préférée. Ces deux principes s'enchaînent d'ailleurs rigoureusement, les ferrures savantes et compliquées ayant été imaginées pour les pieds malades ou mal faits, et les ferrures dites élégantes pour les pieds des chevaux de luxe, qui n'ont pas beaucoup plus à marcher que leurs maîtres.

Le concert d'imprécations dont les gens du monde accablent leurs cordonniers peut sans inconvénient être appliqué à certains maréchaux des grandes villes, véritables sculpteurs sur corne, dont l'ouvrage découpé et fouillé en arabesques dangereuses constitue « ce que nous appelons en France bien et proprement travailler », comme disait ironiquement, au siècle dernier, l'éminent praticien Lafosse.

Les cordonniers sont moins coupables, puisque l'humaine vanité les oblige souvent à enfermer de gros vilains pieds dans de petites et mignonnes chaussures ; mais les ferreurs ne peuvent s'excuser en disant que les chevaux ont donné leur consentement. Ces animaux se soucient peu de la mode; aussi voit-on la ferrure la plus élémentaire et la plus rustique permettre à tous ceux qui ont les pieds sains, — les seuls que l'officier de remonte doive admettre, — de faire pendant quinze ans et plus un rude travail sur le pavé ou le macadam, sans avoir jamais eu besoin d'un pédicure. J'ai eu maintes fois à Paris la preuve de ce que j'avance, soit aux omnibus, soit à la Compagnie générale des voitures de place, où j'ai été plusieurs années directeur de la cavalerie.

Sur des effectifs de 9 à 10,000 chevaux faisant (surtout ceux des voitures de place) le plus pénible, sans contredit, de tous les services, j'ai toujours remarqué que seuls les chevaux pourvus de bons pieds m'étaient présentés à la réforme pour cause de vieillesse, ayant par conséquent fourni pendant douze et quelquefois quinze ans la plus grande somme de labeur qui puisse être *infligée,* — c'est le mot juste, — à un cheval, avec une ferrure ne durant pas vingt jours en moyenne, et par suite bien propre à altérer le sabot par un continuel renouvellement.

DU PIED.

Nous avons dit ailleurs, en parlant des remontes militaires, que, vu l'exiguïté de son budget, la Guerre ne pouvait pas prétendre acheter des animaux d'un ordre élevé, joignant le modèle aux qualités. Elle le pourra seulement lorsque nos cultivateurs, auxquels elle s'adresse, comprendront, comme ceux de l'étranger, qu'il est de leur intérêt de ne pas produire ou élever des chevaux de trait *ne pouvant servir absolument qu'au trait*, et dont la vente donne un médiocre profit. Et cela arrivera assurément, mais tard, peut-être trop tard. Il est dans notre tempérament frivole de rester chez nous, où l'on s'amuse comme nulle part ailleurs, et de ne point aimer les voyages ; aussi nous ignorons ce qui se passe à dix lieues de nos frontières. Nous émettons des idées excellentes dont notre légèreté nous empêche de poursuivre l'application, et que les autres exécutent, le plus souvent à notre insu ; car nous sommes les théoriciens les plus féconds et les praticiens les moins persévérants de l'univers.

Mais revenons à ce point capital, que dans notre pays où les chevaux près du sang sont clair-semés et par conséquent chers, la Guerre doit actuellement rechercher dans ceux qu'elle reçoit les qualités indispensables, préférer le fond à la forme, l'utile à l'agréable. Or, en Europe, avec la dureté actuelle des routes macadamisées ou pavées, et la vitesse plus grande demandée à la cavalerie et à l'artillerie, la première, je dirai même *la seule* qualité dont un vrai cheval d'armes ne puisse absolument se passer, eût-il toutes les autres, c'est la bonne conformation des pieds et leur intégrité. Le dicton anglais : « Pas de pieds, pas de cheval », est surtout vrai au point de vue de la cavalerie, qui, en campagne, est nécessairement dénuée des ressources orthopédiques permettant d'utiliser les pieds malades ou défectueux à l'aide de fers pathologiques minutieusement forgés et posés, de soins hygiéniques quotidiens, et de repos habilement ménagés.

On ne dira pas, je pense, que sur une population chevaline totale de trois millions de têtes, il est impossible de trouver 60 ou 80,000 chevaux ayant de bons pieds, si l'on devient sur ce point d'une sévérité absolue ; d'ailleurs, en général, notre indigénat ne pèche pas par là. A l'exception des juments mulassières destinées au baudet, des grands picards à côtes plates, des horribles rouliers de la Franche-Comté, qui ont les uns et les autres les jambes terminées par des écailles d'huître : à l'exception également d'un petit nombre de chevaux de Tarbes prédisposés à l'encastelure, nos chevaux français ont de bons sabots.

Les Allemands du Nord ont eu, sous ce rapport, bien à faire pour améliorer leurs races, et pourtant ils y sont parvenus ; tout le monde peut apprécier le fait en comparant aujourd'hui leurs chevaux de selle et d'attelage avec les animaux à pieds plats et à talons bas dont ils inondaient notre marché, il y a trente ans; l'usage plus répandu des étalons orientaux, lesquels pécheraient plutôt par l'excès opposé, a rétabli l'équilibre. Les reproducteurs anglo-normands et anglais, dont les pieds sont en général excellents, ont aussi donné de bons résultats. Nous disons que la plupart des chevaux anglais ont les pieds naturellement bien faits : si beaucoup, surtout parmi les produits de pur sang ferrés très-jeunes, arrivent en peu d'années à l'encastelure, cela tient principalement à de détestables pratiques de maréchalerie que nous ferons connaître en traitant de la ferrure.

Les descriptions et les commentaires sur le pied du cheval abondent; néanmoins, avant de parler des fers, nous croyons devoir dire le plus brièvement possible en quoi consistent les bons et les mauvais pieds. — Il s'agira spécialement des pieds antérieurs, les plus importants au point de vue du rôle qu'ils ont à remplir dans la locomotion comme en station, et les plus compromis par la ferrure. — Voici comment s'exprime La Guérinière, qui, suivant les traces du célèbre écuyer Jacques de Solleysel et de M. de Garsault, capitaine des haras de France et membre de l'Académie des sciences, s'occupait de maréchalerie et ne dédaignait pas de fréquenter la forge, bien qu'il fût écuyer du roi Louis XV et un des gentilshommes les plus à la mode de l'époque :

« Le pied doit être proportionné à la structure du corps et des jambes, ni trop grand » ni trop petit. — La forme du sabot, qui est » la partie extérieure qui entoure le pied, doit » être presque ronde, un peu plus large en » bas qu'en haut, ayant la corne luisante, » unie et brune. La corne blanche est ordinai» rement cassante, et les rivets des clous du fer » la font facilement éclater. — Après avoir » examiné le pied à l'extérieur, il faut ensuite » le lever et en examiner les parties du dedans, » qui sont la fourchette et le *sabot* (c'est la sole » qu'il faut entendre). La corne de la four» chette doit être bien nourrie, sans pourtant » être ni trop grosse ni trop large. — La sole, » qui est la corne située dans le creux du pied, » entre les quartiers et la fourchette, doit être » *forte, épaisse, point desséchée, ni affaiblie par*

» *aucun instrument.* » Depuis 1733, on n'a pas encore mieux dit ; les vieux auteurs hippiques sont peu lus, mais « les jeunes » leur empruntent volontiers sans les citer.

Le pied est sujet à des difformités naturelles : les grands pieds, par exemple, ou les trop petits. Les premiers, quand ils sont bien faits, avec du talon, la sole concave et la muraille résistante, n'offrent aucun inconvénient grave, d'autant plus que la ferrure tend toujours à diminuer le volume normal du sabot. J'ai souvent conservé la première déferre de chevaux de quatre ans élevés chez moi, et, à six ans, quelquefois à cinq, elle se trouvait déjà trop large et notablement trop ronde pour les pieds, particulièrement après une année de service rapide dans les rues de Paris. Les grands pieds, exigeant des fers plus pesants, nuisent quelquefois à la légèreté de la marche et rendent les chevaux maladroits dans les endroits caillouteux. — Les petits pieds sont parfois douloureux, sujets à se resserrer en quartiers et en talons, et à devenir encastelés, pinçards, et exposés aux seimes.

Dans les pieds plats, l'obliquité exagérée de la muraille rend les sabots trop larges par le bas, très-évasés en quartiers; l'appui se fait presque entièrement en talons; ceux-ci, tout à fait bas et faibles dans ces pieds-là, sont foulés et fatigués. La sole est aplatie, rapprochée du terrain, et les bleimes deviennent fréquentes. La fourchette, grasse et molle, est énorme; en revanche la muraille est sèche et mince, et les clous s'y maintiennent difficilement. Les pieds combles sont des pieds plats dont la sole plus qu'aplatie est devenue convexe à ce point qu'elle arrive à déborder la muraille; dans ce cas, il y a forcément boiterie aux allures vives. « Ces sortes de pieds », dit La Guérinière, « non-seulement sont difficiles à ferrer, mais » ne valent rien pour la selle ou pour le car- » rosse, ils ne sont tout au plus bons que pour » la charrue. »

Les pieds dérobés sont ceux dont la corne cassante éclate au bord inférieur de la paroi, nuisant ainsi au brochage des clous, et le rendant même impraticable momentanément.

Les pieds rampins (pieds postérieurs) sont faits comme ceux de l'âne : muraille presque perpendiculaire et talons très-hauts. Ce défaut rend la marche disgracieuse, le membre ne s'appuyant absolument que sur la pince. Il n'est pas très-nuisible au cheval monté, mais à l'attelage et dans un service dur avec un poids lourd à tirer, il détermine souvent des seimes en pince, surtout pendant les fortes chaleurs de l'été et dans les temps de grandes gelées. Je réformais chaque année, aux voitures de place, un assez grand nombre de chevaux rampins, pour ce genre de seimes qui deviennent incurables, la cause déterminante se reproduisant à chaque temps de la marche ; en effet, le pied vacillant, dont l'appui est concentré en un seul point, cherche toujours, en cas d'effort, à s'agrafer pour ainsi dire au sol pour suppléer à l'insuffisance de son action ; il transmet alors à la partie supérieure de la pince, auprès de la couronne, une dilatation tellement violente qu'une fente se produit.

Les difformités naturelles du pied donnent fréquemment naissance à des difformités accidentelles qui en sont la conséquence directe ; ainsi l'encastelure arrive plus communément aux pieds petits, à talons élevés ; sous l'influence de la ferrure et du travail sur le dur, ils commencent par devenir étroits en quartiers, puis le resserrement des talons prend des proportions effrayantes ; la fente qui sépare la fourchette en deux vers sa base finit par se prolonger très-haut entre les deux talons appauvris, la sole se creuse, la fourchette s'atrophie, et la boiterie succède à l'hésitation dans la marche.

Les petits pieds à tàlons très-hauts peuvent aussi devenir pinçards : ce terme équivaut pour les pieds antérieurs à celui de rampins, appliqué tout à l'heure à ceux de derrière ; seulement, ici le cas est grave. Le cheval n'appuyant son pied de devant qu'en pince, est exposé à butter et par suite à s'abattre. On voit des chevaux prendre cet appui avec des pieds antérieurs d'une conformation régulière ; alors cela provient, soit du raccourcissement douloureux des tendons fléchisseurs, soit de l'usure générale des membres ; arqués et bouletés, ces malheureux se reposent sur leurs pinces, et contractent à l'arrêt cette vacillation particulière, ce tremblement de tout le membre antérieur qu'en Angleterre on désigne par le mot pittoresque de « grogginess » (état d'un homme ivre).

Parlons aussi des pieds cerclés : les cercles, anneaux renflés, dirigés horizontalement sur la muraille d'un quartier à l'autre, et formant entre eux des sillons qui les séparent, sont généralement le résultat de la fourbure, d'anciennes opérations faites au pied, ou d'une irritation maladive ayant son siége à la couronne. Ou bien ils descendent en suivant la pousse de la corne, et disparaissent peu à peu sans laisser de traces; ou bien ils se reproduisent sans cesse, et il peut alors en résulter de la boiterie; car ces anneaux sont la manifestation saillante de cercles produits au dedans du sabot, qui compriment et irritent les parties vives dont il est l'enveloppe.

DE LA FERRURE.

Nous avons dit en commençant qu'il fallait aux chevaux de l'armée une ferrure simple, respectant le plus possible la forme originelle du pied, exécutable en tous lieux par des ouvriers ordinaires, et enfin peu coûteuse; nous pensons que la *ferrure française usuelle*, pratiquée ponctuellement d'après les règles claires et peu compliquées des maîtres, remplit toutes ces conditions; nous croyons qu'aucune autre ferrure actuellement en usage à l'étranger ne lui est supérieure au point de vue de l'emploi le plus généralisable; et cela, non-seulement pour les pieds sains, mais pour tous ceux dont la maladie ou le vice de conformation sont susceptibles d'être guéris ou atténués.

Notre ferrure nationale ne date pas d'hier; elle a été longuement pratiquée à des époques et pour des services qui peuvent déjà donner un critérium de sa valeur. Nos pères se servaient plus que nous des chevaux; le cheval de selle était entre leurs mains un animal utile. Aujourd'hui, excepté dans l'armée, et exclusivement en campagne, — ce qui fait, entre parenthèse, que ni le tempérament, ni les pieds, ne sont assez endurcis pour passer rapidement de l'existence sédentaire du quartier à la vie nomade de la guerre; — aujourd'hui, disons-nous, le cheval de selle est un paresseux; il est passé à l'état d'apéritif agréable pour les mondains militaires ou civils qui préconisent la promenade avant déjeuner. Jadis, gentilshommes, bourgeois et paysans, voyageaient à cheval, chose complétement disparue de nos mœurs; on allait moins vite, — chevaux et institutions, — parce que cela durait longtemps. Les routes étaient fort accidentées : au pavé des magnifiques chaussées royales aboutissaient en guise de chemins vicinaux des escarpements pierreux ou des fondrières marécageuses dans lesquelles s'empêtraient les cavaliers et leurs montures; de belles dames passaient parfois la nuit dans un carrosse embourbé, en attendant que l'aurore permît de rechercher une bonne paire de bœufs pour dégager le véhicule. Ces incidents, qui n'abrégeaient pas notablement la vie humaine, ne sont pas à regretter sans doute; mais je constate qu'ils sont bien loin de nous, et qu'aujourd'hui la première qualité d'un cheval de selle est de pouvoir s'atteler pour charroyer son maître à la gare voisine, distante d'au moins *quatre grandes lieues!*

Donc, sous peine de rester en route, on s'occupait des pieds et des fers de son cheval; on n'était pas dépourvu de savoir, comme la jactance qui menace de devenir obligatoire nous invite gratuitement à le supposer; et les principes fondamentaux de la maréchalerie française, lentement et patiemment perfectionnés, sont arrivés à être aujourd'hui la meilleure base de la ferrure généralisable; les novateurs leur ont beaucoup emprunté, mais ne leur ont rien ajouté de réellement pratique.

Examinons le point de départ de ces principes:

1° On n'a pas découvert le moyen de faire

marcher pieds nus, en toute saison, sur des voies pavées ou empierrées, des chevaux chargés du poids de l'homme ou traînant un véhicule, aux allures vives; la vieille recette de Xénophon et l'onguent de Végèce, « *quo ungulæ nutriantur, et medicaminis beneficio subcrescat quod itineris attriverat injuriæ* », n'ont pas été retrouvés. Aussi, en tout pays, même en Orient, on chausse les chevaux, au moins accidentellement, à des époques et sur des terrains déterminés.

2° Jusqu'ici le fer est la seule substance assez résistante pour supporter les chocs produits par le poids de l'animal et les efforts continuels qui, dans la progression, viennent s'ajouter à ce poids et détériorer la chaussure.

3° Les fers articulés ou brisés dans le but de ne pas gêner l'expansion du sabot, ont tous été successivement abandonnés, non-seulement en France, mais partout ailleurs ; les charnières se soudent par le martellement répété à chaque temps du poser, ou bien elles se disjoignent par suite des efforts de l'animal; quant au fer divisé seulement par solution de continuité, il est encore moins solide, surtout en cas de chocs produits aux éponges par l'atteinte des pinces postérieures. Ces fers, tous très-ingénieux, ne peuvent être utilisés qu'au point de vue pathologique dans les infirmeries, ou pour de courtes promenades à des allures modérées sur des terrains choisis et avec des chevaux dont la corne éclate difficilement.

Bref, en Angleterre, le savant Bracy-Clark, M. Rogers d'Exeter, M. Withers, vétérinaire militaire, et d'autres sans doute qui me sont inconnus, n'ont pas réussi à vulgariser leurs fers de deux pièces. Chez nous, le vieux fer à charnière simple appelé « fer à tous pieds », le fer articulé par charnières au nombre de six, le fer Vatel à huit pièces, le fer brisé en pince par une section semi-droite et semi-circulaire de M. le capitaine Peillard, n'ont pas été adoptés pour les chevaux qui font un service sérieux.

4° Le fer d'une pièce unique est le seul réellement usuel à notre époque; il a, suivant la juste expression de Bracy-Clark, l'inconvénient de fixer une matière inflexible ne cédant jamais, au pied flexible et élastique; il fatigue et finit souvent par déformer le sabot, en le rendant plus ou moins ovale d'avant en arrière, surtout du côté des talons. Tout cela est vrai, mais on ne peut pas s'en passer. De là l'axiome si connu : la ferrure est un mal nécessaire.

5° Les pieds du cheval s'habituent plus ou moins facilement au mal nécessaire de la ferrure, suivant l'aplomb des membres, la structure plus ou moins résistante léguée au sabot par les ascendants, le degré d'élasticité et la qualité de la corne, le terrain de l'élevage et plus tard celui du service; enfin, selon la vitesse, la durée des allures et le poids à porter ou à traîner; quelques-uns ne s'y peuvent accoutumer et sont mis hors de service, malgré tous les secours de l'art.

Une assimilation rendra plus sensible ce qui précède : la chaussure humaine n'est-elle pas, dans beaucoup de cas, un mal nécessaire? Le nombre exagéré des pédicures et des onguents composés spécialement de grec et de latin, autorise à le penser. Pourtant elle est en cuir et flexible; l'honorable pentadactyle qui la porte a la ressource, quand il veut faire petit pied, d'aplatir ses doigts les uns contre et même par-dessus les autres, pour entrer dans des bottes étroites qui gênent latéralement l'expansion de la surface plantaire. S'il souffre, il peut se soustraire à ce juste châtiment en retirant lesdites bottes pour en mettre de plus larges, et, le soir venu, il retrouve ses pantoufles, présent du ciel.

Le *solipède*, — pardon : je saisis cette occasion de protester contre le mot savant : solipède ; quadrupède signifiant animal à quatre pieds, bipède désignant l'homme à deux pieds et sans plumes, solipède veut dire bête à un seul pied, quoi qu'on fasse [1] ; mais le mot est admis, passons. — Le solipède, dont la boîte cornée est en quelque sorte la chaussure naturelle, est privé de tout soulagement par le fait de la ferrure,

[1] On a essayé, mais en vain, de donner à ce mot l'étymologie latine : *solidus*, solide, *pes*, pied. Il est impossible de tirer *solidus* du mot *soli* et de son radical *solus;* autant vaudrait le chercher dans *soliloquium;* il n'y a pas un exemple analogue dans la langue latine. Pline disait *solidi pedes* pour les chevaux, et *solidis unguibus boves* pour les bœufs; cela au moins est clair, comme les noms de Coléoptères *solidicornes*, et de Mammifères *solidongulés;* mais, je le répète, les Latins n'ont jamais formé un mot exprimant la solidité, et tiré de *solidus*, en supprimant la lettre *d* au radical.

On est obligé, pour justifier cette locution vicieuse, de s'en tirer par un expédient, en disant avec M. Littré : *solipède*, étym., CONTRACTION du latin *solidipes*. — Pourquoi cette *contraction* du latin, unique en son genre, et aboutissant à l'absurde, ou au moins à l'amphibologie, et, en tout cas, à la *contradiction* suivante du même M. Littré, qui, en dépit de la prétendue étymologie *solidus*, ajoute : *terme d'histoire naturelle, famille de Mammifères comprenant ceux qui ont* UN SEUL DOIGT *apparent, et un seul sabot à chaque pied, comme le cheval, l'âne, le zèbre*, etc.?... (LITTRÉ, *Dictionnaire*, 1872. — 26e livraison, p. 1969.)

second soulier rigide, constamment porté et fixé irrévocablement par des clous. Son ongle unique est néanmoins doué d'élasticité, comme le pied ou la patte de tous les animaux sans exception. Il est même prodigieux qu'il ait fallu beaucoup de temps et beaucoup de savants pour établir la théorie de cette élasticité ; il faut croire que nos aïeux s'en doutaient quelque peu, puisque leurs chevaux marchaient avec des fers, les mêmes que nous forgeons aujourd'hui, et que leurs écrits constatent absolument les mêmes boiteries que nous rencontrons actuellement, — pas une de plus. Mais nos pères respectaient peut-être l'élasticité sans la connaître, de même que M. Jourdain, quarante ans avant l'arrivée de son maître de philosophie, « disait de la prose sans qu'il en sût rien ».

La meilleure définition que nous connaissions de l'élasticité du pied est due à M. Merche, vétérinaire distingué, professeur d'hippologie et directeur du haras d'études de l'École de Saumur, dont M. le capitaine Peillard cite les lignes suivantes dans la brochure où il fait connaître son système de fer à brisure : « On doit » entendre par élasticité un certain mouve-

» ment d'expansion qui se produit dans le sa-
» bot et vers les talons, surtout pendant l'appui
» sur le sol, expansion suivie du retour de
» toutes les pièces unguéales à leur position
» première dès que l'appui a cessé ; double
» mouvement d'autant plus remarquable que
» les pieds sont vierges de ferrure, et dépen-
» dant à la fois de la nature de la boîte cornée,
» de sa structure et configuration spéciale, de
» la largeur de la surface plantaire, et enfin
» de l'effort impulsif sur la région digitée. »

Ce mouvement, comme on le voit, peut être contrecarré par diverses causes naturelles auxquelles vient s'ajouter la ferrure, et c'est précisément parce qu'il est ainsi limité qu'il importe davantage de ne le point annihiler complétement ; or, la pression latérale la plus légère peut amener ce résultat et produire la boiterie : par exemple, un clou à lame trop forte, bien que broché en plein dans la muraille, rendra, s'il est trop rapproché du talon ou s'il sort un peu haut, le sabot douloureux, surtout quand ce dernier est naturellement gonflé par une marche longue et rapide sur un sol dur. Retirez ce clou, et l'animal, instantanément soulagé, s'appuie franchement. Serré latéralement, il se trouvait, pour revenir à notre comparaison, dans la condition de l'homme condamné à marcher longtemps et vite avec des bottes neuves qu'il supporterait facilement pour dîner en ville. Et pourtant, le jour où cette chaussure portée souvent et commençant à s'user cessera de le gêner pour une longue marche, de combien se sera-t-elle élargie ? La différence sera presque insignifiante si on veut la mesurer, et pourtant elle a suffi, malgré la flexibilité de la matière, à endolorir le pied comprimé. Le fer du cheval ne s'élargit pas, lui; même en s'usant, il demeurera inflexible.

Ce qui fait que les chevaux des Arabes, malgré la tendance générale de l'espèce au resserrement des talons, souffrent moins de la ferrure que les nôtres, c'est qu'ils ne la portent pas constamment. « Il est d'usage universellement » reçu de déferrer les chevaux au printemps, » quand on les met au vert dans les pâturages. » Les Arabes prétendent qu'on doit alors se » garder de contrarier le renouvellement du » sang qui s'opère en cette saison. » D'ailleurs, chez eux, l'opération est bientôt faite, d'abord parce qu'ils ne rivent pas les clous et « se con- » tentent de les rabattre sur la corne », et parce que, « dans le désert, tout cavalier doit en » route pouvoir et *savoir* ferrer son cheval. » Quand on part pour une expédition lointaine, » chaque cavalier emporte dans sa *djebira* des » fers, des clous, un marteau, une tenaille, » quelques lanières pour réparer son harnache- » ment, et une aiguille à passer. Son cheval » vient-il à se déferrer, il met pied à terre, dé- » fait sa corde de chameau, la passe d'un côté » au *kerbouss* de la selle, de l'autre au paturon, » et noue les deux bouts à la longueur voulue » pour que le cheval présente le pied. Le che- » val ne bouge pas et le cavalier le ferre seul; » si c'est un fer de derrière qui manque, il » soutient le pied sur son genou et ferre en- » core sans aide[1]. « Nous autres civilisés, nous n'en sommes pas encore là; enfin, cela viendra peut-être. Mais cet ordre d'idées m'entraînerait loin, revenons à mon sujet.

Le fait de l'élasticité du pied, de l'expansion latérale du sabot, est capital en ce sens que seul il peut expliquer les inconvénients plus ou moins irrémédiables de toutes les chaussures de fer. Si son action dans la marche a été exagérée

[1] Général Daumas, *Les chevaux du Sahara.*

au bénéfice de leurs découvertes par les inventeurs de « fers patentés à expansion » comme Bracy-Clark, en revanche, d'autres, mécontents de n'avoir rien inventé, en ont contesté l'importance ou déplacé le siége à l'aide d'arguments peu concluants. La définition la plus nette de cette action a été donnée par un illustre et impartial savant, qui fait assurément autorité dans la matière, M. Henri Bouley, qui s'exprime ainsi dans son *Dictionnaire pratique de médecine, de chirurgie et d'hygiène vétérinaires :* « La bifurcation latente, mais réelle, » du sabot des monodactyles, dans sa partie » postérieure, est une disposition mécanique » qui a pour but de lui permettre d'éprouver » des variations dans ses dimensions latérales, » et conséquemment de se prêter, *dans une certaine limite*, à l'effort expansif des parties » qu'il renferme, lorsque refoulées de haut en » bas par les pressions qu'elles subissent, elles » tendent à récupérer *en largeur* les dimensions » qu'elles ont perdues en épaisseur. Si cette conclusion est juste, comme nous le croyons, il » en ressortira nécessairement que l'opinion est » bien fondée de ceux qui pensent que le fer, » fixé au sabot par des clous, concourt à en pro-

» duire le resserrement, en mettant obstacle au » jeu de son élasticité. »

D'après les considérations précédentes, la ferrure qui emprisonne le moins le pied latéralement, qui enlève seulement la corne inutile, qui dénature le moins possible la forme naturelle du sabot, est la préférable; et nous pensons que la ferrure française est celle qui remplit le mieux ces conditions.

Examinons d'abord ses règles pour disposer un pied sain à recevoir le fer (c'est la première opération et la plus grave); les voici formulées, depuis plus de cent ans, en 1756, par Étienne-Guillaume Lafosse, maréchal des écuries du Roi, en quelques lignes qui semblent écrites d'hier :

« Le ferrage n'a pu être envisagé par celui » qui le premier l'a mis en usage que comme un » préservatif et une défense, tant pour la mu- » raille que pour la sole; or, *il n'a pu y mettre* » *la condition de parer la sole*, je ne dis pas à » notre excès, mais *en aucune façon*, puisque » c'eût été agir contre son principe et détruire » son ouvrage. Cette précaution n'a pu être re- » commandée que dans le cas où la corne serait » raboteuse et que le fer ne porterait pas par-

» tout également, ce qui lui ôterait de sa solidité; dans ce cas, c'est raison; mais autrement c'eût été contradiction et absurdité. — » Qu'un cheval vienne à se déferrer, comme cela » arrive souvent ayant le pied paré à nouveau, » il ne fera pas cent pas sans être boiteux, parce » que, dans cet état, la sole étant creusée, le » cheval ne porte que sur les murailles, qui, » n'ayant point de soutien de la sole de corne, » s'usent et s'écrasent bientôt par le poids du » corps de l'animal, et il s'estropiera d'autant » plus vite qu'il rencontrera dans son chemin » des corps plus durs. Il n'en est pas de même » du cheval à qui on aura laissé la sole dans » toute sa force. Que le cheval, dans ce cas, » vienne à se déferrer, la sole et la fourchette » porteront à terre, soulageront la muraille de » la plus grande partie du poids du corps, et l'animal ainsi pied nu poursuivra son chemin et » arrivera sain et sauf. — Qu'on se mette bien » dans la tête que *plus on parera le pied d'un* » *cheval, plus on l'exposera aux accidents;* c'est » le priver en premier lieu d'une défense que la » nature lui a donnée contre les corps durs et » pointus qu'il court risque de rencontrer, et en » second lieu de l'avantage le plus important et

» pour le cheval et pour le cavalier : c'est qu'en » ne parant pas la sole et *ne lui donnant de fer » que ce qu'il en a besoin pour conserver sa corne*, » il ne sera plus sujet à glisser, ni sur le mau- » vais pavé d'hiver, ni sur celui d'été appelé » vulgairement plombé, ainsi qu'il va être dé- » montré. Le faisant marcher sur la fourchette » et en partie sur le talon, celle-là, se trouvant » râpée par le frottement qu'elle éprouve sur la » terre et sur le pavé, s'imprime par le poids » du corps dans les petites cavités et interstices » qu'elle y rencontre. Par sa flexibilité, elle en » prend pour ainsi dire l'empreinte et le con- » tour, de sorte que, le pied portant en bien » plus de parties qui se soulagent mutuellement » en multipliant le point d'appui, elles donnent » à l'animal plus d'adhérence au plan sur lequel » il marche.

» La fourchette est nécessaire. Qu'on fasse » attention que tous les pieds plats ont les ta- » lons bas et, par conséquent, peu d'arc-bou- » tant; mais la nature, pour suppléer à ce » défaut, donne une grosse fourchette pour con- » server les talons; on ne doit donc pas parer » le pied, et *l'on doit bien se garder de creuser » les talons. Il faut aussi éviter de trop râper la*

» *partie supérieure du sabot;* toutes ces méthodes » sont autant d'abus qui achèvent de détruire » les pieds des chevaux. Le premier abus, en » creusant les talons, est de détruire la corne » qui doit servir d'arc-boutant pour empêcher » que les talons et les quartiers se resserrent; » le second abus, en râpant les pieds, est de dé- » truire la force du sabot. »

Pour la deuxième opération, le choix et la pose du fer, le même auteur donne les règles suivantes, sous le titre de *Ferrure pour les bons pieds et sur toutes sortes de terrains :*

« Il faut que les fers ne soient pas trop longs, » *qu'ils ne passent pas les talons,* c'est-à-dire » que l'éponge soit au commencement de l'arc- » boutant et que les pieds ne soient point parés, » tant de devant que de derrière; *se contenter* » *d'abattre seulement de la muraille ce qu'elle a* » *de trop et l'abattre bien uniment, c'est-à-dire* » *le pied égal, sans vider le dedans du pied ni pa-* » *rer la fourchette,* la laisser saillir *si cela se* » *peut*[1], c'est-à-dire qu'elle soit plus haute que

[1] *Si cela ce peut* est bien juste et prouve une savante observation de la nature. Cela ne se peut pas toujours, en effet, et en dépit des esprits absolus qui prétendent que chez tous les chevaux les fourchettes doivent être amenées au contact

» le fer, qu'elle puisse porter à terre. *Il faut que* » *le fer soit égal de force*, cependant un peu plus » fort et un peu plus couvert à la branche de » dehors du pied de devant, comme de derrière » mince d'éponge. Faire attention de le bien » étamper sur la même ligne, c'est-à-dire que » les trous n'aillent pas en zigzag et *que le fer ne* » *soit pas étampé trop gras, ce qui occasionnerait* » *à piquer le cheval ou à serrer le pied avec la* » *lame du clou*. Il faut que le fer soit étampé un » peu plus gras en dehors qu'en dedans, d'au- » tant plus qu'il faut que le fer garnisse un peu » en dehors. Ne point relever les fers en les

permanent avec le sol, il est facile de remarquer, sans recourir au mulet et à l'âne, qu'un certain nombre de chevaux marchent longtemps et très-brillamment sans que leur petite fourchette maigre, enfouie dans une sole creuse, entre des talons hauts, mais *épais et forts*, ait jamais touché le terrain. Les pieds vierges de ferrure de beaucoup de poulains de deux à trois ans, bien nés et à grands mouvements, n'appuient absolument que sur la muraille, à moins que le pied n'enfonce dans un sol détrempé. Il est très-aisé de constater ce fait dans les herbages, où l'empreinte demeure parfaitement marquée aux endroits très-piétinés et dénués d'herbe. Je vois tous les ans des poulinières jeunes et des vieilles, n'ayant jamais eu de fers, venir aux diverses stations d'étalons de mon voisinage, avec des sabots hauts et solides, dont les fourchettes, de belle dimension, n'arrivent à rencontrer le sol de la route que si la longueur du voyage et la sécheresse ont usé complétement la muraille en talons.

» ajustant, ne les point trop entôler, *et ne point* » *les voûter*. Il faut qu'ils soient presque à plat, » mais il faut aussi cependant *donner un peu* » *d'ajusture douce*, en sorte que la muraille du » pied se conserve. Il faut que les fers prennent » bien le tour du pied, c'est-à-dire que le fer en » garnisse tout le tour un peu plus en dehors » qu'en dedans; il ne faut pas, dès qu'on le » présente au pied, *l'y tenir longtemps de peur* » *de l'échauffer*. »

Que d'excellents préceptes en peu de mots! Sauf quelques points de détail discutables et que le temps a modifiés, toute la ferrure d'un pied sain est contenue dans ce qui précède. Mais pratique-t-on d'ordinaire les indications centenaires que nous avons soulignées avec intention, ou bien leur a-t-on substitué des formules préférables? Ni l'un ni l'autre.

En France, les règles et les règlements, les textes et les ordonnances ne font point défaut, c'est affaire de bon sens et d'intelligence; mais la pratique sérieuse, dans sa quotidienne monotonie, est affaire de constance et... de conscience. Ainsi, on ne pouvait faire mieux que de charger les vétérinaires de diriger la ferrure dans les régiments; ils ont les lumières et l'expérience incontestables, et le règlement dit : Les vétérinaires exercent une surveillance constante sur le service de la forge, dont ils ont la direction sous le capitaine instructeur; ils s'assurent de l'aptitude des maréchaux. — Le vétérinaire fait aux maréchaux et aux élèves maréchaux un cours théorique de ferrure. Cela est écrit et prescrit sans doute, mais si l'on veut lire avec attention le détail des fonctions inhérentes au grade de vétérinaire, je défie qu'on m'explique le temps qui lui reste pour exercer une *surveillance constante* et surtout efficace sur des ouvriers d'un entêtement proverbial. Aussi, dans son excellent Cours d'hippologie professé à Saint-Cyr, M. Lemichel, que nous regrettons de ne pouvoir citer *in extenso*, s'exprime ainsi :

« Voyons la ferrure telle qu'elle se pratique dans nos régiments, nous en signalerons les torts à mesure qu'ils se présenteront.

» Lorsqu'un jeune cheval est conduit à la forge, il n'y arrive qu'avec appréhension, effrayé par le feu des fourneaux, le bruit des marteaux, les cris des ouvriers ferreurs. Au lieu de le rassurer par des caresses, on lui met

» le tord-nez et on lui lève brutalement le pied.
» Le maréchal arrache le vieux fer afin de cou-
» per l'exubérance de corne. Pour cette opéra-
» tion, qui devrait consister à aplanir uniformé-
» ment le dessous du sabot, il se place en face
» de la pince et plonge son boutoir dans cette
» partie, en le poussant alternativement à droite
» et à gauche vers les talons. Le boutoir, dont le
» tranchant est taillé en biseau, enlève une
» épaisseur d'ongle d'autant plus grande qu'il
» enfonce davantage. En sorte que les talons
» sont proportionnellement abaissés plus que la
» pince. — Ce n'est pas le seul tort des maré-
» chaux dans cette partie de la ferrure. Afin de
» rendre le pied plus élégant, ils le parent à
» fond; en d'autres termes ils amincissent au-
» tant qu'ils peuvent la sole et la fourchette. Or
» le pied se conserve en équilibre par l'influence
» de deux forces égales opposées. L'une réside
» dans la paroi qui tend à le resserrer, l'autre
» dans la sole et la fourchette qui combinent
» leurs efforts avec le poids du corps pour l'é-
» carter. Lorsque, en parant la sole et la four-
» chette, on a amoindri la force d'écartement,
» la paroi acquiert une force de rétraction pré-
» pondérante. — Après avoir paré le pied, le

» maréchal regarde comment le vieux fer qu'il » vient d'arracher a été usé, afin d'en choisir un » neuf convenable. Comme déjà aux précé- » dentes ferrures, les talons avaient été beau- » coup trop abattus, le sabot n'a pas porté à » plat sur le sol. Le fer a par conséquent frotté » davantage au point où la corne était relative- » ment plus saillante. C'est la pince qui n'avait » pas été assez parée, les talons qui l'étaient » trop n'ont pu toucher. Ils ne l'eussent fait que » par l'allongement des tendons impossible sans » boiterie intense. »

» De l'examen du vieux fer, le maréchal rou- » tinier conclut, non pas qu'il faut laisser croître » l'ongle de manière à ramener l'aplomb nor- » mal, et *en attendant*, confectionner un fer » plus épais aux talons pour remplacer artifi- » ciellement la corne qui manque. Sans recher- » cher la cause, il ne voit que l'effet : ce cheval » a usé plus en pince, donc il faut doubler, tri- » pler en cet endroit l'épaisseur du nouveau fer. » Et, contrairement à toutes les lois conserva- » trices, le pauvre animal ne marche plus que » sur la pince. Il existe plusieurs millimètres de » distance entre ses talons et le sol. — Quand le » maréchal a choisi un fer, il le chauffe pour

» l'ajuster, opération qui consiste à creuser *légè-*
» *rement* sa face supérieure, afin qu'elle ne com-
» prime pas la sole, et à relever *légèrement* la
» pince pour rendre le poser du pied plus moel-
» leux. Presque toujours il met son orgueil à
» donner le plus d'ajusture qu'il peut, sans réflé-
» chir qu'il arrête par là l'expansion du pied et
» diminue la fermeté de son appui, en rédui-
» sant ses points de contact avec le sol. — Le
» maréchal, sous prétexte que le cheval se cou-
» perait si le fer débordait en dedans, ne se con-
» tente pas de le poser trop juste de ce côté,
» mais encore il le fait dépasser *de beaucoup* en
» dehors. En sorte qu'il rejette ainsi davantage
» l'appui sur le talon interne qui, par suite, est,
» beaucoup plus souvent que l'autre, atteint de
» bleimes. Quand le fer est attaché, et même
» avant, il râpe le pied pour lui donner une
» tournure de fantaisie; il enlève ainsi le vernis
» de la paroi, qui seul peut conserver la sou-
» plesse. Nous en avons même vu un grand
» nombre qui enlevaient jusqu'à la couronne,
» ce vernis protecteur.

» Tous les inconvénients de la ferrure ne pro-
» viennent pas du maréchal; quelques-uns sont
» inhérents à la ferrure elle-même. Quoique pra-

» tiquée très-habilement, elle altère toujours la » dilatabilité et la souplesse du sabot. Mais qu'il » y a loin de ces maux inévitables à ceux qu'en- » traîne après elle la pratique inintelligente de » cet art! Combien avons-nous vu de chevaux » dont les pieds avaient été rétrécis, les aplombs » déviés, les articulations forcées, les poches » synoviales boursouflées, les muscles, les ten- » dons, les ligaments tiraillés *par des maréchaux* » *qu'on croyait adroits!* »

Ces mauvaises pratiques, plus répandues encore à la ville que dans les forges militaires, ne sont-elles pas exactement à l'opposé des règles de la ferrure française que nous avons rappelées plus haut? Dès lors, pourquoi critiquer la ferrure française? Il serait plus logique et surtout plus utile de l'exécuter d'abord, pour être en état de la discuter et de l'améliorer s'il y a lieu, ou pour la remplacer s'il y a mieux.

Les fautes signalées par M. Lemichel se retrouvent dans les forges civiles, comme nous l'avons dit. En province, on veut naturellement ferrer « à l'instar de Paris »; or, à Paris, les vétérinaires instruits et habiles, propriétaires de la plupart des forges, sont tellement occupés, au dehors par les courses interminables que nécessite la clientèle, au dedans par les opérations chirurgicales et les consultations, qu'ils sont obligés de s'en rapporter à leur premier ouvrier et surtout, sous peine de voir la boutique vide, de laisser ferrer au goût des propriétaires de chevaux. Ceux-ci se font représenter là, avec pleins pouvoirs octroyés pour cause d'incompétence personnelle, par messieurs leurs cochers, engeance ignorante et prétentieuse. L'ouvrier maréchal, craignant de faire perdre une pratique au patron, se met naturellement à la discrétion du cocher, lequel en profite pour trancher du connaisseur, demander « de la belle ouvrage »; un sabot nettoyé à fond, des talons bien séparés, comme les veut le fameux Tom Jones, le maître cocher du duc d'en face, et, nécessairement, le premier cocher de Paris. — Ils sont là soixante ou quatre-vingts farceurs se qualifiant tous au même titre de « premier cocher de Paris ». — Après avoir débité ces insanités, l'automédon conclut en disant à son cheval : « *Hold up your foot* », au lieu de : « Lève ton pied ». Et le ferreur d'ajouter respectueusement : « C'est compris; M. Baptiste veut ce que nous appelons un beau pied, bien évidé à l'anglaise. »

Ce dernier mot est magique. Oui, je le reconnais, les Anglais sont nos maîtres pour tout ce qui concerne les chevaux, et nous ne saurions trop les imiter; mais encore faut-il le faire avec discernement, et quand ils font une sottise, ce qui leur arrive comme à d'autres, notre devoir est de l'éviter. Or, il faut qu'on sache que si la ferrure anglaise est supérieure à la nôtre uniquement par la rainure du fer qui donne plus de solidité au clou, elle lui est bien inférieure à tous les autres points de vue, surtout pour l'essentiel : la manière de parer le pied avant de ferrer.

Les chevaux anglais ont en général, et de race, des pieds splendides et de bonne corne, et pourtant en aucune contrée du monde on ne se plaint autant de l'encastelure. Il est vrai que nulle part ailleurs on n'amincit autant la sole et la fourchette dont on creuse le vide et les branches non sans emporter une partie de l'arc-boutant. On continue même la cavité souvent très en arrière de la base de l'organe qui devient absolument isolé des talons. Et ceux-ci se resserrent et se rétrécissent d'autant plus que l'animal a un métier plus pénible, et qu'il est, par ses mouvements, d'une plus grande valeur. En effet, l'entraînement des chevaux de pur sang, la mise en condition des hunters, le développement et le soutien des allures des beaux et vites trotteurs, nécessitent une hygiène et une nourriture tellement toniques qu'elles en deviennent très-échauffantes, et que, jointes à la vitesse extraordinaire et aux efforts violents, elles produisent déjà par elles-mêmes l'irritation des parties sensibles du pied. Bracy-Clark disait : « Le pied est tenu dans un état habituel de fièvre par une nourriture forte et stimulante », et longtemps après lui, lord Apperley (Nimrod), l'un des hommes de cheval les plus savants de l'Angleterre, affirmait que « l'allure extrême, jointe à la nourriture proportionnée à l'allure, c'est-à-dire très-abondante en grains, cause en grande partie l'irritabilité dans les sabots ». Nous sommes de cet avis, et nous ajoutons que ces deux causes doivent agir bien plus énergiquement sur les pieds qu'un mauvais ferrage rend faibles, étriqués, et par suite incapables de lutter contre elles.

J'ai vu ferrer en Angleterre, à la campagne et à Londres, et là surtout j'ai été surpris de l'em ploi immodéré du couteau de pied. J'ai vu manœuvrer cet outil de chaque côté de la fourchette de pieds magnifiques, creusant, fouillant tous les recoins, comme s'il se fût agi de dégager des bleimes profondes. Décidément cette rénette est un instrument trop délicat, trop chirurgical, pour être ainsi vulgarisé; c'est le rasoir entre les pattes d'un singe. Somme toute, le gros boutoir, plat et large, peu commode à incliner et à diriger circulairement, se prête moins volontiers à cette infernale besogne; sa construction invite à le pousser à plat, d'une manière en quelque sorte rectiligne, et il me paraît moins nuisible que le drawing-knife. — Ce n'est pourtant ni le savant Bracy-Clark, ni Godwin, ni William Miles, qui ont enseigné à nos voisins leurs mauvaises pratiques, mais il paraît qu'en tout pays la manie d'amputer est invincible chez les maréchaux.

Dans sa merveilleuse simplicité, notre ferrure française possède toutes les ressources; elle se prête au gré et suivant le tact du maréchal, aux diverses conformations du pied, par la couverture, l'ajusture et la garniture qu'elle peut varier à propos.

Par la couverture elle modifie la largeur du

fer usuel, le rend plus étroit ou plus large en un point circonscrit ou uniformément, soit dans le premier cas, pour le rendre léger, soit dans le second cas, pour abriter partiellement ou complétement la face plantaire lorsqu'elle a perdu de sa concavité.

Par l'ajusture, elle peut approprier les faces du fer de manière à diminuer les chances de chute en relevant légèrement la pince des chevaux qui buttent; à faire porter le fer uniformément sur le bord inférieur de la muraille, sans comprimer la sole; à produire une action dilatatrice sur les talons en laissant au contraire les deux branches dans le plan horizontal pour les pieds concaves, et même en inclinant la face supérieure des éponges de dedans en dehors pour ceux qui commencent à se resserrer.

Par la garniture, en laissant déborder légèrement les branches en talons, elle soutient le quartier quand le sabot se dilate, et elle élargit la base de sustentation des pieds petits.

Pour l'hiver, elle a les clous à glace, le fer à grappe et à crampons. Les fers à crampons pour les pieds antérieurs, très-employés par les Allemands, surtout pour les chevaux d'attelage de l'artillerie, sont également en usage chez nous dans l'Est, et particulièrement dans les Ardennes.

Nos fers, pour les pieds délicats, sont très-variés; citons en passant et sans parcourir la série des fers pathologiques, ceux qui sont usuels et avec lesquels les chevaux peuvent travailler : 1° le fer à éponges épaisses, non-seulement pour relâcher, en cas de crevasses, la peau du pli du paturon, mais surtout pour soulager les tendons fléchisseurs faibles ou enflammés; 2° le fer à éponges tronquées, dit à lunettes, pour prévenir l'encastelure des talons hauts et forts, mais un peu serrés; 3° enfin le fer à planche, qui n'est d'ailleurs que le fer usuel arabe, mieux exécuté et étampé plus en pince; fer excellent qui fait merveille pour les talons bleimeux ou contus; il prévient d'ailleurs les contusions sur les parties sensibles du pied. Il est assez dédaigné aujourd'hui à cause de son peu d'élégance, et on lui reproche avec raison de faire glisser les chevaux : il est bien facile d'éviter cela en relevant deux petits crampons qui ont en même temps l'avantage de reporter le poids du corps sur la pince, et de soulager encore mieux les talons endoloris. J'ai vu bien des pieds affaiblis et souffreteux singulièrement raffermis pour avoir porté pendant trois ou quatre mois — avec un rude travail, pourtant! — le fer à planche.

Donnons une dernière preuve du mérite de notre vieille ferrure nationale, et résistons à cette funeste manie de critiquer à la légère, et de détruire avant que de pouvoir remplacer avec avantage. Pendant plusieurs années, ma position m'a permis de voir expérimenter sur une grande échelle, et avec un critérium de service sérieux, les différents fers et systèmes de ferrure imaginés jusqu'à ce jour dans le but de remplacer la ferrure usuelle; j'en ai retiré cette conviction que, pour les pieds de toute conformation, aucune invention n'est encore parvenue à faire mieux et à conserver aussi longtemps la forme primitive du pied et surtout l'obliquité originelle de la muraille. Pour les glissades causées fatalement pendant les mauvais temps par la chaussure métallique, tous les systèmes nouveaux de ferrure, sans exception, ont dû revenir promptement aux clous à glace et aux crampons abandonnés d'abord, les rainures spéciales et les crénelures s'écrasant et se soudant l'une à l'autre au bout de peu de jours. Enfin, pour les pieds sensibles et bleimeux, les ferrures nouvelles ont dû avoir de nouveau recours au fer à planche et au fer tronqué d'une éponge.

Au point de vue militaire, rien de pratique, rien de généralisable en campagne, en tout pays, — étant donné le premier ferreur venu, requis de chausser un cheval déferré, — n'a été ajouté à la ferrure française et n'en a modifié les règles.

Si l'on continue à s'écarter de ces règles si simples, qui devraient être affichées dans toutes les forges de l'armée, il faut s'en prendre à la routine obstinée des maréchaux, à l'ignorance des propriétaires de chevaux, à la manie d'imiter quand même les Anglais, jusque dans leurs erreurs; et enfin à l'impossibilité des vétérinaires militaires ou civils, dont la compétence dans la matière est reconnue, de diriger, de contrôler et surtout de surveiller assidûment et d'une manière efficace le travail des maréchaux, gens de nature peu accommodante.

Qu'on nous permette de dire, en terminant, que la connaissance du pied du cheval et les notions élémentaires de la maréchalerie ne sont pas vulgarisées dans l'armée, et qu'elles devraient l'être. — Il est entendu que nous parlons seulement de ce qu'il suffit de connaître pour la ferrure des sabots sains; quand le pied d'un cheval est malade, il est clair qu'il appartient au médecin-vétérinaire seul de le traiter, comme toute autre partie du corps atteinte de maladie.

Un bon enseignement théorique est donné à l'école de cavalerie, mais au régiment rien ne vient réveiller les théories endormies qui passent à l'état de souvenirs confus; seul le capitaine instructeur réglementairement chargé de la surveillance de la forge et de l'infirmerie, a le devoir de se rappeler cet enseignement, mais il a tant d'autres devoirs! Ce grade n'est pas une sinécure. — Et pourtant, en route, en détachement, à la guerre surtout, l'officier qui commande une troupe et qui doit diriger tous les détails du service doit être à même de savoir si les chevaux sont ferrés convenablement, en temps opportun, et si le maréchal ne les estropie pas; il ne peut d'ailleurs compter pour ce soin sur le vétérinaire, qui, en campagne, est bien assez occupé par les blessures des chevaux, les opérations et les pansements qu'elles nécessitent.

On a dit avec justesse : La meilleure arme du

cavalier, c'est son cheval; il n'est pas moins juste de répéter : « Pas de pied, pas de cheval », et de conclure : Pas de pieds, pas d'arme. Le plus vaillant cheval du monde ne vaut pas cent francs pour faire la guerre, s'il a de mauvais pieds, ce qu'on appelle mélancoliquement « des pieds à chagrin ». Mais étant donnée cette *arme*, avec des pieds sains, un corps exempt de maladies, l'officier doit la connaître assez à fond pour l'entretenir par la chaussure aussi bien que par la nourriture et le travail; et il en doit être ainsi tant que l'arme n'étant point détraquée ne requiert pas les services spéciaux de l'armurier, tant que le cheval est bien portant et marche droit. Non-seulement l'officier doit savoir ces choses, mais les posséder assez pour les enseigner aux hommes qu'il commande, et pour veiller à leur exécution.

L'ouvrier possesseur d'un outil de son métier convenablement fabriqué n'a pas à recourir au fabricant tant que l'outil exige seulement un entretien judicieux, un emploi intelligent. L'homme en santé n'a que faire du médecin, et le cas d'un individu n'ayant pas mal aux pieds, qui se croirait obligé d'appeler le docteur pour expliquer au cordonnier que sa chaussure est trop étroite, me paraît au moins bizarre. Or la chaussure avec laquelle le cavalier « marche » réellement, la vraie, la seule indispensable, ce sont les quatre fers de son cheval; les *bottes personnelles* sont un objet de luxe; on a vu des cavaliers qui n'en avaient plus ne se point arrêter en route, et avec des éperons rouillés fixés par une corde à de glorieuses guenilles, faire d'assez jolies étapes à travers l'Europe. Ce n'était ni amusant ni confortable..., mais le cœur bat quand on y pense en ce temps de douloureuses épreuves.

CHAPITRE QUATRIÈME.

De l'hygiène.

On a beaucoup et doctement écrit sur la matière; dans son Cours d'hippologie, le plus remarquable et le plus complet qui existe, et qui est, à juste titre, adopté comme classique dans l'armée, M. Vallon a publié un traité de l'hygiène très-étendu et renfermant au moins trois cents pages. Dans ce traité, dont la lecture ne saurait être trop recommandée à tous ceux, militaires ou non, qui s'occupent du cheval, l'auteur n'a laissé de côté aucune question, aucun point à élucider. La plus grande clarté d'expression se joint dans ce livre aux observations les plus consciencieuses, aux conseils les plus réellement pratiques, et surtout à l'élimination, faite avec un jugement sûr, des théories plus ou moins hasardées qui n'ont pas la sanction de l'expérience.

DU TRAVAIL.

Nous n'avons pas la prétention d'écrire du nouveau; mais nous désirons seulement insister sur deux ou trois points de l'hygiène des écuries militaires, qui nous paraissent avoir une importance de premier ordre; car nous pensons que cette hygiène, telle qu'elle est pratiquée, répond à la définition de M. Vallon, *l'art de conserver la santé,* mais qu'elle y répond trop strictement : elle conserve la santé, mais elle ne fait rien pour la développer, ce qui serait d'autant plus nécessaire que les hasards de la guerre exigent des chevaux non-seulement bien portants, mais encore préparés de longue main à un travail demandant un fond et une rusticité plus qu'ordinaires. Qu'on nous permette une comparaison : sur le pied de paix, la santé du cheval de troupe ressemble plutôt à celle d'un employé gras et rangé, allant régulièrement à son bureau, ne faisant aucun excès et consultant le médecin pour un rhume, qu'à la santé du forgeron sec comme un fagot, qui, au milieu des courants d'air de sa forge, se durcit les biceps en se gelant le dos, double quand il le faut, pour satisfaire la pratique, le travail de la journée, et s'administre un verre d'eau-de-vie pour prévenir la toux. — Voilà, néanmoins, deux hommes bien portants.

On s'exagère beaucoup, à notre avis, les inconvénients du travail, surtout de celui des chevaux de quatre à cinq ans. Ce qu'on demande dans l'armée, en temps de paix, n'est assurément pas pénible. Ni les promenades, ni les routes, ni les manœuvres ne sont au-dessus des forces des jeunes chevaux. Ceux-ci, merveilleusement logés, plus sainement en général que les chevaux de prix dans les écuries de luxe, soignés avec une exactitude et une régularité parfaites, sont nourris peut-être avec une certaine économie; mais elle est en rapport avec leur peu de besogne et la sobriété qu'on doit exiger du cheval de guerre. Leurs repas sont à heure fixe, et se composent de denrées contrôlées, d'une qualité suffisante pour rendre la digestion facile. Qu'on se persuade bien que les chevaux de remonte, arrivant de chez le cultivateur aux dépôts et des dépôts dans les corps, sont de véritables coqs en pâte qui ne songent nullement à regretter le passé; s'ils avaient en général une plus haute origine, ils feraient éclater leur reconnaissance par des mouvements de gaieté quelquefois désagréables. Quand on habite à la campagne dans un pays d'élevage, on est très-renseigné sur ce sujet. Si, trois mois avant que les cultivateurs préparent leurs chevaux par l'engraissement avant de les présenter aux officiers acheteurs, ceux-ci voyaient les corvées et les travaux de tout genre auxquels sont soumis, sans aucune espèce de soins, leurs futurs chevaux d'escadron, ils seraient assez surpris du parti que l'on en peut tirer sans pour cela les mettre sur la paille. Il faut voir arriver au marché cantonal ou à des foires distantes souvent de six à sept lieues, le cultivateur, sa famille et quelques sacs de grain, dans une carriole à deux ressorts, pas légère, attelée d'un futur cheval de cuirassier ou de dragon. Sur la route, on lutte de vitesse avec les voisins, et, en fait d'avoine, le fouet joue un rôle considérable; la belle avoine se vend bien, et, de droit, les résidus appartiennent à la ménagère pour ses poules. Au retour, on pousse les futurs dragons dans des écuries dont la meilleure ferait bondir la commission d'hygiène hippique. Je ne dis pas assurément qu'on fasse bien d'agir ainsi ; mais je tiens à constater que les chevaux au régiment ne perdent pas au change, et que pour la plupart le quartier est un Éden. Ce serait, soit dit en passant, le bon moment pour acheter les chevaux que celui où ils font les corvées qu'on vient de lire ; mais il faut connaître les chevaux mieux qu'on ne le croit, pour payer un bon prix un animal maigre, sale, et d'apparence misérable. Le paysan, qui sait tout cela, l'engraisse de son mieux pour satisfaire l'œil des acheteurs, et il vend un animal destiné à courir dans le même état que le cochon destiné à être mangé. Aussi n'est-ce pas le travail du dressage, ni celui de l'escadron, qui nuisent à la santé des chevaux de remonte, mais bien cette viande de boucherie, et cette graisse de porc qui, conjointement au désacclimatement et à l'âge des gourmes, sont la source d'une foule de maladies chez des animaux que leur origine, surtout du côté maternel, dispose déjà à la prédominance du tempérament lymphatique.

J'excepte de ce qui vient d'être dit les chevaux élevés à l'herbe ; ceux-là n'ont jamais rien fait, et, quoi qu'on dise, ils ne sont ni sobres ni rustiques, mais au contraire très-délicats et longs à mettre en service. J'en ai vu beaucoup, et je leur préfère assurément les précédents, qui savent ce que c'est qu'une charrue et peuvent être mis plus promptement au service. Du reste, les chevaux d'herbage tendent à devenir de plus en plus rares dans l'armée. Aujourd'hui, avec le bas prix des remontes et le taux élevé de la viande, du beurre et des fromages, il n'y a pas intérêt à produire pour l'armée un cheval que l'on garde à l'herbe jusqu'à quatre ans faits, sans en tirer le moindre travail. Le luxe seul peut payer la dépense, depuis le capital improductif de la poulinière, jusqu'aux frais de l'école de dressage, ou du dressage fait par le marchand de chevaux. Les chevaux d'herbage ne sont pas précisément à regretter, bien que leur origine soit supérieure, puisqu'on ne fait les frais de l'élevage sans travail que pour des poulains en général bien racés; ils sont, il est vrai, sans tares acquises, mais la fragilité de leurs membres neufs, jointe à leur indocilité, leur fait rapidement réparer le temps perdu; ils sont d'ailleurs au moins aussi bien engraissés que les chevaux de culture, n'ont jamais sué une fois depuis qu'ils sont au monde, et il faut au moins dix-huit mois et souvent deux ans pour les mettre dans une condition de service qui est encore loin de la condition d'entrée en campagne.

Non, le travail dans les régiments n'est pas trop pénible. Des promenades, des routes, ce n'est pas là une source de cruelles fatigues; mais il y a les manœuvres, dira-t-on... Je conviens que là il y a un travail réel, que la mauvaise équitation de la plupart des cavaliers rend plus pénible; mais s'il n'y avait pas les manœuvres, je me demande quel effort sérieux on demanderait au cheval d'armes, et comment il deviendrait un animal utile. Le travail, en temps de paix, est plutôt insuffisant. Voyez les écuries d'un quartier : on dirait que les chevaux sont là, attendant un acquéreur; ils ne sont ni gras ni maigres, ni gais ni tristes, ils n'inspirent pas la pitié, mais pas davantage l'envie de leur mettre une selle sur le dos; on dirait qu'ils s'ennuient. Touchez-les : ce n'est pas *de la bonne chair de cheval*, comme on dit en Angleterre. Il n'y a ni la graisse exagérée du cheval en vente, ni la musculature ferme et accusée du travailleur, comme on la trouve dans les écuries de service où l'on use et où l'on abuse parfois, mais où l'on sait ce que peut un cheval. Citons à l'appui de notre opinion les lignes suivantes si judicieuses de M. Vallon : « Si le repos se prolonge trop longtemps, l'économie se modifie, la nutrition languit, l'appétit diminue, la digestion est lente, la circulation se ralentit, les sécrétions ne se font plus comme dans l'état normal, les membres s'engorgent, des œdèmes apparaissent sous le ventre, le moindre travail provoque la sueur, une manœuvre ou un jour de marche suffit pour courbaturer le cheval. Le repos prédispose à l'engraissement et nuit à la force musculaire. Sous son influence, les chevaux bien nourris acquièrent un embonpoint remarquable; mais ils sont mous, faibles, et contractent les attributs du tempérament lymphatique.

» En garnison, les chevaux de troupe passent, terme moyen, vingt-deux heures par jour à l'écurie, dans l'inaction et dans une position qui les fatigue considérablement. La plupart ne se couchent pas; de là une contraction permanente des muscles, l'usure et la ruine prématurée des membres. Combien de molettes, de vessigons, de maladies du pied, n'ont pas d'autre cause que le séjour trop prolongé des chevaux à l'écurie? Pour beaucoup de vétérinaires militaires, le peu d'exercice que prennent les chevaux de troupe est une des causes qui prédisposent le plus aux maladies internes, notamment à la morve et au farcin. Ce qui milite en faveur de cette assertion, c'est que jamais il n'y a plus de maladies et jamais les infirmeries vétérinaires ne renferment plus d'affections atoniques que dans les mois où la pluie, la neige, etc., obligent à les laisser dans l'inaction pendant de longues journées.

» Si à cet état de repos succède brusquement un travail un peu pénible, comme un changement de garnison, des manœuvres, etc., la transition donne lieu à des désordres fonctionnels qui produisent la maigreur d'abord, un état maladif ensuite. Les conséquences du repos sont bien autrement funestes quand les chevaux entrent en campagne après une longue paix. Alors, au bout de quelques mois de bivouac, les maladies en ont fait disparaître un grand nombre, témoin ce qui a eu lieu en Crimée.

» Si les chevaux en garnison étaient placés

dans des conditions qui leur permissent de développer leur force, d'acquérir la vigueur, la résistance dont ils ont besoin en campagne, assurément on n'aurait pas à déplorer des pertes aussi considérables. Ce serait donc une bonne mesure de laisser les chevaux moins de temps à l'écurie, de les soumettre à des exercices plus fréquents, plus réguliers et moins saccadés, qui les tiendraient toujours en haleine et les prépareraient aux travaux pénibles des manœuvres, des camps, des expéditions, etc. »

Ce n'est pas d'aujourd'hui que la nécessité de ne point laisser les chevaux de guerre dans l'inaction a été proclamée. Cornelius Nepos, dans la vie d'Eumène, indique pour obtenir un bon résultat une recette fort excentrique, que nous citons non-seulement à cause de sa singularité, mais parce qu'elle prouve que les anciens se préoccupaient de questions qui nous paraissent peut-être neuves; quant à la pratique de cette recette, j'avoue qu'elle n'est pas à conseiller. La voici, tirée d'une vieille traduction datée de 1771 :

« Eumènes, assiégé dans la citadelle de Nora, en Phrygie, par Antigonus, appréhendoit que la longueur du siége ne ruinât sa cavalerie;

faute de place assez grande pour exercer ses chevaux, il inventa un expédient ingénieux pour les tenir toujours en haleine et leur faire faire une espèce de manége, quoique enfermés, de peur qu'ils ne perdissent l'appétit, et ne vinssent à dépérir par le défaut d'exercice : il les faisoit attacher si haut avec une courroye, qu'ils avoient les pieds de devant presque en l'air, et, à force de coups de fouet, il les faisoit bondir et regimber, ce qui les faisoit suer et leur tenoit lieu d'exercice, comme s'ils avoient été en plein manége; et ce qui fit l'étonnement de tout le monde, c'est que, malgré un siége de plusieurs mois, ces chevaux sortirent de la citadelle aussi frais et aussi gras que si Eumènes les avoit tenus en plaine et dans les meilleurs pâturages. »

Nous pensons, avec M. Vallon et un grand nombre de vétérinaires militaires, que le peu d'exercice des chevaux de troupe est une des causes qui prédisposent le plus à la morve et au farcin. Il est même rare que le travail excessif occasionne à lui seul ces maladies, quand la nourriture est suffisante, de bonne qualité et mangée avec appétit; il use très-rapidement tous les ressorts de la machine, mais le corps reste sain.

Prenons un exemple dans la cavalerie industrielle de la Compagnie générale des voitures de place, où les chevaux font le plus rude métier qui se puisse rencontrer. En 1866, sur un effectif total de 10,537 chevaux (31 décembre), il y a eu 129 chevaux abattus pour morve et farcin; en 1867, année où l'Exposition a augmenté notablement le labeur des chevaux, sur un effectif de 10,115 chevaux (31 décembre), il y en a eu 203; en 1868, sur 9,226 chevaux (31 décembre), il y en a eu 54 seulement. (Il est nécessaire de remarquer, pour l'intelligence de ces chiffres, qu'en 1867, sur le total de 203 animaux morveux ou farcineux, un dépôt où la maladie avait pris les caractères de l'infection contagieuse en a fourni à lui seul 63.) Il y a assurément, dans la cavalerie dont je viens de parler, un effrayant surmenage dont rien ne peut donner une idée à ceux qui ne l'ont point étudié de près. Les chevaux, d'une origine et d'une conformation plus médiocres encore que ceux de l'armée, sont mal conduits et parfois indignement maltraités; leurs digestions sont continuellement interrompues, leurs repas irréguliers. Beaucoup d'écuries, surtout dans les vieux dépôts, sont loin d'être comparables aux plus médiocres écuries des quartiers de cavalerie [1] ; enfin il existe, sur les places et pendant le stationnement des chevaux exposés dans l'immobilité complète à toutes les intempéries, deux sources de contagion de la morve. D'abord, on est obligé de les faire boire dans les seaux publics des fontaines ménagées aux stations, avec lesquels sont abreuvés indistinctement les premiers animaux venus, bien portants ou malsains; en second lieu, les voitures mélangées dans une file se trouvent quelquefois placées derrière une caisse ou une traverse sur lesquelles un cheval infecté vient de se frotter les naseaux, et avec lesquelles le leur pourra se trouver en contact au moment où on le débridera pour lui donner à manger. Malgré tout, on le voit, les cas de morve et de farcin sont rares dans cette grande entreprise, où les che-

[1] Il est vrai de dire que les chevaux y séjournent moins longtemps. Nous ne saurions partager la prévention généralement répandue contre les écuries construites en planches : nous en avons vu beaucoup, et les animaux s'y maintiennent aussi bien portants, et sont moins douillets que dans les autres ; elles sont moins chaudes que les constructions de pierre ou de moellon, mais ce n'est point un mal. L'aération y est pour ainsi dire permanente, sans qu'il faille recourir à une ventilation dont les brusques courants d'air ne sont pas sans danger.

vaux vivent au grand air et sont convenablement nourris. Il ne faut pas croire que les cochers, même les plus fripons, ont un intérêt quelconque à détourner l'avoine et à la vendre à leur profit; ils savent bien que, sans elle, leurs chevaux ne rapporteraient pas non-seulement l'argent exigé par l'administration, mais encore le gain illicite bien autrement productif pour le cocher indélicat que la vente compromettante de quelques litres d'avoine.

Quand on a vu de près de quelle somme de travail le cheval est susceptible, en conservant sa santé et même en arrivant à la longévité, on est moins tenté de s'apitoyer sur le sort des chevaux de l'armée en garnison; ils ne travaillent pas autant que la moyenne des chevaux du luxe et du commerce (il ne s'agit plus ici des chevaux de fiacre); la ration est plus que suffisante pour leur besogne, seulement elle demeure en quelque sorte *improductive*. De même, le citadin riche, dont la table est bien servie, mais dont la vie physique est inactive, mange quotidiennement et abondamment, — les paresseux de corps en belle santé sont gros mangeurs dans toutes les races, — des aliments très-substantiels sous un volume relativement médiocre; il boit des vins généreux, toniques et aidant à la digestion. Néanmoins, il serait absolument incapable de faire deux jours de suite la tournée quotidienne du facteur rural et, à plus forte raison, la journée de travail du forgeron, qui, tous les deux, se contentent de lard et de pommes de terre; leurs aliments sont assurément plus monotones et moins nutritifs à volume égal que ceux des tables opulentes, et, si l'on vérifiait, on pourrait trouver souvent qu'ils n'en consomment pas, en poids, une quantité plus considérable que l'homme oisif. La véritable différence, c'est que chez celui-ci la nourriture est perdue pour l'activité des organes et pour la force musculaire, tandis que chez ceux-là elle concourt utilement, par l'aide du travail continu, au développement des membres, à la densité des fibres et à l'énergique fonctionnement de tous les appareils de la machine animale; elle n'est point, comme dans le premier cas, seulement conservatrice, elle devient *productive,* sans qu'on ait eu besoin d'en augmenter la quantité.

Il manque aux chevaux de l'armée la mise en condition de travail et l'*entraînement* qui la donne. Ce mot entraînement, dans notre pays, n'a jamais été suffisamment compris, et l'idée générale qu'il exprime est trop mise à l'écart dans ses applications utiles.

Le mot entraînement s'applique uniquement, en France, aux chevaux de course; effectivement il n'est guère pratiqué pour aucune autre fraction de la production chevaline. C'est un tort. « Tout travail, dit Ned Pearson [1], devrait être précédé d'une préparation, ou entraînement, en rapport avec le service que l'animal est appelé à faire. Le passage de l'état naturel à un service quelconque demande toujours une transition, si l'on veut ne pas détériorer l'animal et le mettre à même de faire ce qu'on lui demande. Cette transition, cette préparation, comme on voudra l'appeler, constitue l'entraînement. Il diffère nécessairement pour chacun des emplois auxquels le cheval est destiné... C'est un art, ou pour mieux dire une science,

[1] *Dictionnaire du Sport français*, par Ned Pearson. Paris, 1872. Ce livre, fruit de connaissances spéciales exceptionnelles dans notre pays, est un *vade-mecum* indispensable à tous ceux qui suivent les courses. Sous le pseudonyme de Ned Pearson s'abrite, avec une modestie qui égale son savoir, un gentilhomme de bonne souche, sportsman véritable, et aussi parfaitement homme de cheval dans la pratique, qu'érudit dans les questions ayant trait à la science hippique. Réunir la pratique à la théorie, c'est rare, surtout à cheval.

avec ses préceptes, ses règles fixes et invariables en principe, mais se modifiant à l'infini suivant les animaux auxquels on l'applique, et dont le tempérament, les jambes ou la force de résistance ne sont pas les mêmes... Les premières notions de l'entraînement nous viennent des Arabes, comme au reste toutes les traditions sur la reproduction ou l'élevage des chevaux. C'est du moins chez eux que l'on retrouve les traces les plus anciennes de ces notions, érigées en doctrine et mises en pratique avec la gradation d'une méthode. Cette science peut sembler exister à l'état rudimentaire et sous une forme primitive, parfois même un peu brutale. Mais leurs habitudes et leurs besoins sont très-différents des nôtres, et l'entraînement doit toujours se trouver en rapport avec l'épreuve que l'on demande à l'animal soumis à cette préparation. Il existe des rapports de voyageurs très-curieux sur la manière dont les Arabes préparent leurs chameaux et leurs chevaux pour traverser le désert : c'est un véritable traité d'entraînement, sur lequel se sont évidemment calqués les procédés employés aujourd'hui en Europe. — Que les Anglais aient inventé ou se soient assimilé l'entraînement, mieux avisés que nous, ils en ont de suite compris les avantages et l'ont appliqué à tous les animaux, même aux hommes. Ainsi, chez eux, le boxeur et le « pedestrian » (coureur à pied) suivent un entraînement aussi régulier et aussi sévère que celui d'un cheval de course. Le chien ratier subit une préparation avant d'être mis en présence d'une armée plus ou moins nombreuse des ennemis qu'il doit combattre. Les coqs de combat sont entraînés. On ne peut cependant prétendre que toutes ces espèces soient dégénérées, depuis qu'elles sont soumises à ce régime fortifiant. Au contraire, *elles ont acquis une supériorité, une force de reproduction et de résistance qu'il est même inutile de discuter.* »

Ces derniers mots sont rigoureusement exacts, surtout en ce qui concerne les chevaux, puisque l'étalon arabe et le cheval de pur sang anglais, son dérivé, sont les types d'amélioration de toutes les races du monde. D'ailleurs, pour se convaincre des effets bienfaisants de la mise en condition, il suffit d'examiner et surtout de toucher avec attention les muscles et les tendons des chevaux de toute espèce qui ont été préparés graduellement au travail de très-bonne heure, dès l'âge de deux ans ou de trente mois, par exemple, comme cela est pratiqué dans tous les pays où l'on produit les meilleurs et où l'on s'en sert le plus, le mieux et le plus longtemps. Il y a énormément d'exagération dans les inconvénients du travail pour les poulains; plus tôt on les dresse, plus complétement ils deviennent dociles; ensuite, plus on aide au développement de leurs qualités, de leurs membres et de leur taille. Ils ne sont pas plus tarés que les autres, quand il n'y a pas eu abus, quand on ne leur a pas imposé un travail sans mesure. La preuve, c'est que les animaux élevés dans les herbages et qui sont restés jusqu'à quatre ans dans une oisiveté absolue, sont, il est vrai, au moment de la vente, exempts des tares qui ne sont point congéniales, mais les contractent aussitôt leur mise en service, tout autant que les poulains qui travaillent. En somme, grâce à leur mollesse et à leur indocilité, ils deviennent tout aussi tarés et souvent davantage que les jeunes chevaux de gros trait et les poulains de demi-sang qui, comme dans la plaine de Caen et en beaucoup d'autres endroits, sont mis, dès l'âge de deux ans, d'abord à la herse ou à la charrue, plus tard en cheville [1] ou devant, et enfin dans les brancards ou la limonière, — ensemble de travaux qui constituent un entraînement très-réel.

Les chevaux des Arabes vivent très-vieux, ne sont pas plus tarés que les nôtres, et pourtant ils sont montés de très-bonne heure, et à quatre ans, non-seulement leur éducation est terminée, mais ils gagnent leur orge.

En Angleterre, sans parler du sérieux entraînement des poulains de course, tous les jeunes chevaux sont mis de bonne heure en condition de travail. Ils font ainsi pour la vie une véritable provision de vigueur, d'où résulte cette prodigieuse et inusable énergie qui fait leur réputation sur le marché européen. Leurs muscles se développent de telle sorte qu'ils conservent presque tout leur volume pendant la durée de la carrière ; il faut un travail abusif de plusieurs années pour roidir leurs articulations mobiles et en quelque sorte élastiques. Les muscles ont obtenu dès le jeune âge une puissance telle que la charpente musculaire reste intacte jusqu'à la fin, alors que les jambes,

[1] Au milieu.

quelle qu'ait été leur force, s'usent les premières et commencent à demander grâce. Ce fait est à remarquer chez tous les bons vieux chevaux anglais, dont le dessus bien en chair fait marcher, pour ainsi dire, les membres jusqu'à un âge très-avancé. Tandis que chez les animaux élevés dans la mollesse, abandonnés avec les bœufs dans les herbages jusqu'au moment de la vente, le contraire se produit. La trompeuse beauté des formes, l'élégance et la fierté sauvage des attitudes disparaissent rapidement. Les jambes, bien que souvent grêles relativement au corps, arrivent à survivre au dessus, dont l'empâtement graisseux ne tarde pas à fondre au travail sérieux; les fonctions de la respiration, de la digestion et de la circulation s'opèrent sans énergie. Ces animaux-là durent peu ; ils deviennent promptement poussifs ou anémiques à la suite d'un vigoureux service. Si des efforts pénibles sont prolongés ou se réitèrent fréquemment, ils ne tardent pas à amener l'émaciation, l'effacement des muscles et quelquefois le marasme et toutes les maladies qui en découlent, morve, farcin, etc.

L'animal qui, à l'aide d'exercices progressifs, a acquis à un moment donné de sa jeunesse la condition parfaite du travail auquel il était employé, devient pour le service préférable à tout autre. Toute sa vie il se ressent de l'état de puissance et de qualité dans lequel il s'est trouvé, et si plus tard il est réduit à une existence oisive, il lui faudra peu de temps pour retrouver tous ses moyens quand l'occasion l'exigera. L'homme qui, dans son enfance et sa jeunesse, s'est livré pour gagner son pain à de rudes travaux corporels, vient-il par suite des hasards de la vie à faire un métier sédentaire, il lui reste toujours une vigueur physique que n'ont pas les autres de la même profession, et qui se développe d'une manière surprenante lorsque des circonstances imprévues en réclament l'emploi.

Les chevaux qui n'ont jamais été amenés avec préparation (ou même fortuitement, par un événement inattendu) à donner au moins une fois le maximum de ce qu'ils peuvent faire sans que leur santé en souffre, demeurent pour leurs cavaliers « l'inconnu ». Combien d'hommes sont rentrés dans leurs foyers sans se douter des qualités et des ressources du cheval qu'ils avaient monté pendant toute la durée de leur congé! Combien de chevaux de troupe arrivent à la réforme sans que personne ait jamais su qu'ils étaient soit d'un fonds inépuisable, soit vites trotteurs, soit sauteurs hors ligne!

DE LA RATION.

La ration réglementaire nous paraît, au point de vue des quantités, à l'abri de la critique, tant sur le pied de paix qu'en route et sur le pied de guerre.

Pour le pied de paix, il suffit d'examiner les écuries et l'état sanitaire, pour être assuré que les animaux ne pâtissent point. Si, après une longue route, les chevaux arrivent un peu défaits à la nouvelle garnison, cela tient surtout à ce qu'ils ont été surpris par les changements d'écurie et par les étapes qui constituent un travail trop différent, comme nous l'avons dit plus haut, de leurs habitudes, et auquel ne peuvent suffisamment les préparer les marches militaires faites, suivant le règlement, plusieurs jours avant le départ.

En campagne, si les chevaux mangeaient exactement la ration fixée, elle suffirait également; mais que de déchets! dans les bivouacs surtout. D'ailleurs là, pour le soldat comme pour sa monture, il y a tantôt disette, tantôt abondance, et il est impossible qu'il en soit autrement. Aussi, il est sage de ne pas habituer les chevaux à devenir gros mangeurs; ils seraient atteints encore plus durement par les privations inséparables de l'état de guerre. Il faut qu'on puisse leur appliquer le mot de l'Arabe : Ils peuvent la faim, ils peuvent la soif, et ils peuvent la fatigue.

M. Vallon fait au sujet de la ration deux remarques très-fondées : il dit d'abord que les proportions relatives des trois parties qui la composent ne semblent pas avoir été déterminées d'une manière irréprochable; que la quotité d'avoine n'est pas assez forte relativement à celle du foin et de la paille, et qu'en substituant $0^{kil}500$ d'avoine à 1 kilogr. de foin, la ration serait plus judicieusement composée. Ensuite, la quotité de la ration invariablement fixée pour tous les jours est en principe une bonne chose; cependant elle est trop absolue. Il est contraire, en effet, aux règles de l'hygiène, de donner aux chevaux, quand ils ne travaillent pas et qu'ils ne quittent pas l'écurie pendant plusieurs jours, la même ration que lorsqu'ils manœuvrent ou se livrent à d'autres travaux. L'auteur voudrait, avec raison, que les chefs de corps fussent autorisés à opérer une légère diminution dans la ration les jours où la pluie, la neige, etc., rendent tout travail impossible, et à employer ces économies à améliorer la ration les jours de travail sérieux.

Le même hippologue est très-partisan des aliments de substitution. Selon lui, la diversité et le mélange des aliments contribuent beaucoup au maintien de la santé, et augmentent la puissance nutritive; tandis que l'uniformité amène le dégoût et engendre des maladies. Il pense qu'on a eu raison d'attribuer à l'uniformité de l'alimentation des chevaux de troupe une large part dans la production des affections chroniques graves : morve, farcin, etc., qui déciment la cavalerie, et que les substitutions introduites depuis quelques années dans l'armée ont contribué puissamment à diminuer le chiffre de la mortalité. Il les voudrait même plus nombreuses et plus fréquentes. Nous avouons que, sauf pour les jeunes chevaux nouvellement arrivés et pour lesquels il est bon d'opérer des changements dans la ration réglementaire afin de les y habituer graduellement, nous sommes loin de partager cet avis. Et même pour les jeunes chevaux en santé, les barbotages de son et de farine d'orge sont suffisants et propres à remplir complétement le but qu'on se propose; pour ceux des infirmeries, nous pensons avec M. Vallon qu'en substituant à ces aliments des carottes, qui sont toujours recherchées par les chevaux, on augmenterait les chances de guérison, et qu'on abrégerait la durée des convalescences.

Que les aliments de substitution et que la nourriture variée soient agréables aux chevaux, de même qu'une cuisine variée flatte le palais de l'homme, nous n'en doutons pas. La diversité des aliments stimule particulièrement l'appétit des animaux oisifs, elle est favorable au point de vue prophylactique à ceux d'un estomac capricieux, cela est vrai; mais qu'elle soit nécessaire ou même utile à la plupart de ceux qui travaillent régulièrement, nous ne le croyons pas. On invoque à tort ce qui se passe dans les campagnes pour des bêtes en élevage, ne marchant qu'au pas, et tenues enfermées à l'écurie pendant les longs mois de l'hiver. On oublie premièrement que beaucoup se trouvent médiocrement de ces denrées différentes, alternativement ou simultanément administrées, et que les acheteurs, militaires ou civils, éprouvent plus tard de grandes difficultés à ramener le plus grand nombre au régime habituel et séculaire des chevaux de service; ensuite, on ne réfléchit pas que dans les fermes les chevaux doivent, comme consommateurs, contribuer, avant leur mise en vente, aux bénéfices de l'exploitation rurale. Quand l'avoine se vend cher et que l'orge est à bas prix, on donne l'orge. Quand les foins artificiels, les premiers coupés, sont abondants et que leur cours n'est pas élevé, tandis que le foin d'herbe est très-demandé par les villes, on donne du sainfoin, ou de la luzerne; ou bien on fait l'inverse. L'air fortement oxygéné des champs et l'absence d'allures vives font digérer à peu près tout, bien qu'à chaque substitution de nombreux cas de diarrhée ou d'éruptions à la peau se produisent. Mais dans cette manière de procéder, il y a avant tout une question industrielle, à laquelle se rattachent la position financière du fermier, ses besoins d'argent et la préférence qu'il donne à ses poulains ou bien à ses génisses. En Angleterre, en Allemagne, comme en France, ces pratiques sont plutôt commerciales qu'hygiéniques. La preuve, c'est que dans les pays où l'on élève avec profit le cheval de luxe, on s'abstient pour les poulains d'une grande valeur de ce régime aventureux, pour se borner à l'avoine, au foin et à la paille. Les carottes ou la farine d'orge sont données par-dessus le marché, et pour rafraîchir. Quant aux chevaux en service employés aux allures vives, aux chevaux de selle et d'attelage des villes (élite de la production), à ceux du commerce et des voitures publiques, neuf sur dix ne connaissent depuis un temps immémorial pas d'autre nourriture que le régime traditionnel; et encore, beaucoup reçoivent, au lieu de farine d'orge, un simple barbotage au son, et la plupart mangent des carottes « approximativement », comme mangeait du pâté de foie gras ce soldat ordonnance d'un capitaine, qui avait entrevu le comestible précieux sur la table de son officier. Malgré tout, la mortalité et les maladies graves ne sévissent pas grandement sur les diverses sortes de chevaux dont je viens de parler; et quand on veut se donner la peine d'y faire attention, on trouve que le nombre des animaux très-âgés, très-conservés et en plein service, est vraiment prodigieux dans toutes les catégories, à Paris et dans les grandes villes, qui n'ont jamais passé pour être « le paradis des chevaux ».

Prenons un exemple dans une entreprise considérable, où l'existence régulièrement laborieuse de la cavalerie n'est pas contestable, dans les Omnibus de Paris. Je choisis l'année 1866 pour exposer des chiffres officiels, résultant d'une enquête administrative faite cette année-là dans le but de comparer le régime hippique de cette industrie avec celui des Omnibus de Londres[1], et livrée à la publicité deux ans plus tard.

L'effectif était de 8026 chevaux, en défalquant pour l'exactitude de la comparaison 714 chevaux du chiffre total de 8740 (ces chevaux étant employés aux services de banlieue). Le travail était de 15 à 16 kilomètres par jour. Le poids de 1620 kilogr. pour l'omnibus vide, et de 3720 kilogr. pour le chargement complet, en estimant les 28 voyageurs, le cocher et le conducteur au poids moyen de 70 kilogr. La vitesse était de 7 kilomètres 1/2 à l'heure, et la ration était composée comme il suit :

[1] *Les Omnibus à Paris et à Londres*. Paris, Renou et Maulde, 1868.

	kil. gr.
Avoine.	7,980
Foin [1], 0 bottes 777 , ou.	4,118
Paille, 0 bottes 945, ou.	4,819
Son.	1,056
Orge.	0,003
	17,976

Ces fourrages étaient consommés sans mixture ni préparation d'aucune sorte, les expériences faites pour l'emploi du système anglais de mixture n'ayant point donné de résultats satisfaisants. Comme on le voit, il n'y a pas lieu de tenir compte de l'orge donnée dans cette ration à une dose homœopathique insignifiante au point de vue de la substitution aux aliments ordinaires. Il ne faut point compromettre l'hygiène dans des chiffres qui ont pour but industriel d'établir les rations à un prix de revient dans lequel les fractions centésimales ont une importance sérieuse lorsqu'il s'agit d'effectifs considérables.

La réforme sur l'effectif total a été de 1266 chevaux en 1866. Ce qui établit, comme on voit, à près de six ans la durée moyenne du service des animaux.

[1] Désignation transcrite textuellement.

A Londres, la même année, l'effectif était de 6475 chevaux. Le travail de 12 milles, soit 19 kilomètres 1/3 par jour. Le poids de 1250 kilogr. pour l'omnibus vide, et de 3210 kilogr. pour le chargement complet, en estimant les 26 voyageurs, le cocher et le conducteur au poids moyen de 70 kilogr. La vitesse était de 8 à 9 kilomètres 1/2 à l'heure, et la ration composée comme il suit :

	kil. gr.
Avoine.	7,000
Maïs.	1,350
Foin.	1,820
Trèfle et sainfoin.	1,820
Paille.	0,910
	12,900
Il est en outre alloué pour litière, paille.	906
	13,806

Il est bon de remarquer, en présence de la différence de poids des rations, que les chevaux de Londres (coûtant à l'époque indiquée 600 fr. en moyenne), sont beaucoup moins forts que ceux de Paris, qui ont 510 kilogr. de plus à tirer et sont par conséquent choisis d'une taille et d'un volume plus considérable (en 1866, leur prix moyen était de 909 fr. 37 c.).

Le renouvellement, c'est-à-dire le remplacement des chevaux réformés en 1866, a porté sur 1882 chevaux. Ce chiffre est énorme, mais l'année 1866 a été, dit-on[1], exceptionnellement défavorable. En temps normal, le renouvellement comprend de 1400 à 1500 chevaux. Ce qui établit à 4 ans 1/2 environ la durée moyenne de service du cheval d'omnibus à Londres.

Cette différence est énorme, comme on le voit, et suivant nous l'alimentation en est la principale cause; la vitesse supérieure et les 3 kilomètres en plus de parcours devront être comptés pour peu de chose si l'on considère que :

1° L'omnibus anglais est, comme on vient de l'indiquer, infiniment plus léger que l'omnibus de Paris;

2° Le sol de Londres ne présente point de côtes ni de pentes rapides exigeant un cheval de renfort et *la montée au pas;*

[1] Nous employons cette expression dubitative parce que nous savons qu'il y a eu des résultats analogues à d'autres époques; ainsi, en 1868, sur un effectif moyen de 6,550 chevaux, le renouvellement a porté sur 1816 têtes (sur lesquelles la mortalité a été de 1603 et 213 seulement réformées). En 1869, au contraire, sur un effectif de 6,458 chevaux, le renouvellement a été seulement de 1,266, dont 1,017 morts. Ces mortalités sont vraiment effrayantes.

3° Les omnibus de Londres, bien qu'ils s'arrêtent d'habitude à certains carrefours, soit pour faire souffler les chevaux, soit pour prendre les voyageurs qui les y attendent, n'ont point, comme ceux de Paris, l'obligation de s'arrêter devant de nombreux bureaux de contrôle et de correspondance;

4° Les omnibus de Londres transportant en moyenne beaucoup moins de voyageurs et surtout moins de femmes que ceux de Paris, ont des temps d'arrêt moins fréquents et moins prolongés dans le parcours;

5° Les rues étant plus larges à Londres qu'à Paris, la circulation, sauf dans la Cité, dans le Strand et au pont de Londres, à certaines heures, y est moins encombrée et permet une allure plus rapide. D'ailleurs les chevaux, bien que d'une supériorité d'allures universellement reconnue et développée par un menage excellent, n'arrivent à la vitesse mentionnée plus haut que sur les lignes de banlieue.

Nous demandons pardon au lecteur d'avoir insisté longuement sur tous ces détails, mais ils ne sont pas aussi étrangers qu'on pourrait le croire à notre sujet, qui est l'inconvénient des aliments de substitution dans les écuries considérables.

Nous ajouterons, pour terminer, que les Anglais, très-pratiques en chevaux et en même temps très-positifs en fait de chiffres industriels, n'ont pas la vanité d'embrouiller les questions pour en sauvegarder tous les aspects. Là, on n'a pas la prétention de faire de l'hygiène, quand il s'agit uniquement de payer les actionnaires d'une affaire qui ne bat que d'une aile. Les administrateurs des omnibus de Londres, parmi lesquels il y a des hommes de cheval compétents, se gardent bien de prétendre que la ration de leurs chevaux est une merveille hygiénique; mais ils disent tout simplement qu'en 1869, par exemple, alors qu'il y avait entre l'avoine et le maïs une différence de 3 fr. 18 c. 3 par 0/0 kilogr. en faveur de ce dernier, l'économie réalisée par suite de la substitution du maïs à l'avoine s'est chiffrée par 813,173 fr. 10 c., soit les quatre cinquièmes du dividende de 6 fr. 87 1/2 pour 100 distribués cette année-là aux actionnaires.

Ce fait n'émeut en aucune façon les Sociétés scientifiques d'outre-Manche, qui ne s'empressent pas de découvrir immédiatement au maïs des propriétés inconnues jusqu'ici.

Quant à la méthode qui consiste à sacrifier l'avenir d'une cavalerie considérable, pour le bénéfice d'une année, je ne la discuterai pas ici, où cet ordre d'idées n'a que faire. Il est évident que dans une affaire régulièrement conduite, elle me semble détestable. Mais, encore une fois, c'est là une question uniquement industrielle où l'hygiène apparaît à l'état de haute fantaisie.

L'armée, qui n'a point de dividende à distribuer, doit être, suivant nous, très-modérée en matière de substitutions, malgré les calculs des équivalents, plus vrais sur le papier que dans l'estomac, alambic plein de mystérieux caprices; je ne pense pas que les phénomènes de la vie organique puissent jamais être expliqués par de simples principes chimiques.

« Pour l'immense majorité des propriétaires de chevaux, dit l'auteur anglais Robinson, le choix de la nourriture consiste uniquement dans la proportion de l'avoine, du foin et de la paille; une infinité de chevaux n'ont jamais connu d'autre aliment... » La chose est vraie aussi bien en Angleterre qu'en France.

Nous ne nions pas les excellentes propriétés de certains aliments de substitution donnés avec discernement, dans des cas déterminés, à tel cheval ou à tel autre, comme on peut le faire dans une écurie particulière. Mais, suivant nous, leur grave inconvénient, au point de vue de la cavalerie, c'est que dans la composition nécessairement homogène des rations, ils se trouvent généralisés aussi bien que les trois substances qui sont la base de l'alimentation ordinaire. Qu'un homme, propriétaire de plusieurs chevaux, puisse dire avec exactitude : Tel cheval perdait l'appétit, je lui ai donné des féverolles, et il s'en trouve parfaitement; celui-ci avait le poil terne, les digestions pénibles, les carottes lui ont rendu la robe brillante, et un aspect de santé; ce troisième prend de l'embonpoint depuis qu'il mange du sainfoin; cela se comprend. Sur une échelle restreinte, il est aisé de tenir compte de ce principe important que les animaux, comme les hommes, diffèrent constitutionnellement, et que les uns sont plus faciles à nourrir que les autres; mais c'est là un cas spécial bien différent de la question qui nous occupe et dans laquelle il faut avant tout généraliser.

Ainsi, les féverolles sont loin de convenir au

grand nombre. Extrêmement échauffantes pour les animaux sanguins et d'un bon appétit, elles sont données avec succès « pour relever, comme le dit M. Vallon, les forces épuisées par les fatigues et la misère », pour donner de la chair aux vieux chevaux amaigris. Aussi les a-t-on à peu près supprimées dans les écuries d'entraînement, là où les effets de la nourriture sont surveillés pour ainsi dire chaque jour avec un soin minutieux. « Les fèves, dit Stonehenge, nuisent à la condition de l'animal, en ce sens qu'elles échauffent, prédisposent à la fièvre et à l'inflammation des membres. Il vaut donc mieux restreindre la plupart des chevaux à l'avoine et au foin. Avec de bonne avoine anglaise, ayant tout son poids, et du bon foin de prairies hautes, la condition peut généralement être obtenue aussitôt et gardée plus longtemps qu'avec toute autre espèce de nourriture. Quelques chevaux néanmoins sont fort difficiles pour la nourriture, et, sans fèves, mangeront à peine le nécessaire d'avoine. Dans des cas pareils, il faut bien avoir recours à cette dernière denrée; mais il faut s'en servir plutôt pour exciter les chevaux à manger l'avoine que comme lest solide et principal. »

Les carottes, dont les chevaux aiment beaucoup la saveur sucrée et qu'ils digèrent fort bien, empêchent la constipation, poussent à la graisse, mais amollissent beaucoup les muscles. Elles donnent surtout une belle apparence à la robe et aux crins; mais malgré leurs propriétés alibiles, elles ont une influence plus salutaire comme condiment que comme aliment, car dans ce dernier cas on est obligé d'en donner une quantité considérable par laquelle on obtient rapidement un embonpoint factice qui fond très-vite par le travail aux allures vives. Les marchands savent parfaitement les utiliser pour mettre leurs chevaux dans cet état de vente dont l'apparence est si trompeuse [1].

Le sainfoin bien récolté est une bonne nourriture, préférable à la luzerne et surtout au trèfle, qui a l'inconvénient assez grave pour les chevaux de selle de développer leur abdomen

[1] Emmagasinées en grand nombre, les carottes se gâtent facilement, et l'on est obligé d'en jeter beaucoup au fumier; quelquefois, croyant bien faire, on se met à les pelleter, et cela ne sert qu'à augmenter le dégât. D'un autre côté, il faut un temps considérable pour les trier, quand il y a un commencement d'avarie; les hommes montent sur les tas, et tout cela contribue à les abîmer de plus en plus.

On a beau les trier avec soin, le plus souvent les ravages

et de les rendre grands buveurs, ce qui n'est pas précisément un indice de santé.

Ce qui ne plaide pas précisément en faveur de l'entrée des foins artificiels en participation à l'alimentation usuelle des *chevaux de service*, ce sont les répulsions des savants anciens, et les précautions extraordinaires que les modernes réclament pour leur adoption.

Bourgelat, qui avait beaucoup « pratiqué » les chevaux avant de fonder les écoles vétérinaires en France, puisqu'il avait commencé par être un des premiers cavaliers de son époque, émet sur ce sujet une opinion peut-être très-exagérée; néanmoins, son jugement, qui fait encore autorité en beaucoup de cas, doit être cité au moins à titre de document. Il est à présumer qu'il est le fruit de l'observation. « La luzerne, dit-il, présentée sous la forme d'un fourrage sec employé aussitôt après la fenaison,

vont vite; dans ce cas, il est vrai, on donne immédiatement celles qui commencent à se gâter, afin de ne pas les laisser en contact avec les bonnes, mais une grande partie du résultat cherché est perdue. En somme, cette racine est délicate et difficile à administrer fructueusement dans les écuries considérables, parce que les voyages, les chargements, les déchargements et la manipulation ne contribuent pas peu à la détériorer.

produit des effets encore plus sinistres que le foin donné avant qu'il ait sué »; et plus loin, « l'*exercice* a appris à ceux qui ont voulu suppléer à la mesure ordinaire d'avoine par six ou huit livres de cette herbe hachée, qu'un aliment pareil est toujours dangereux. La gale, le farcin, les eaux aux jambes, la fourbure, la grasfondure, de vives tranchées accompagnées de ténesme, la redondance du sang et tous les désordres que peut occasionner la pléthore, en ont été les résultats. » Le sainfoin est moins critiqué, et l'auteur trouve qu' « il n'est pas d'un usage absolument aussi périlleux. Il pourrait néanmoins être funeste s'il était donné pur et sans un mélange de paille, encore ne doit-il être administré ainsi qu'à des animaux qui travaillent. La ration en doit être très-petite et très-médiocre. » Quant au trèfle, il en approuve la consommation en vert dans les écuries, particulièrement celle du trèfle incarnat. A l'état de foin, « il exige les mêmes précautions que l'administration de la luzerne ».

Aujourd'hui, après un siècle d'expérimentations, voici le point où en est la question. M. Vallon pense que si le foin des prairies artificielles produit un bon effet *à des doses conve-*

nables, et associé à d'autres aliments, il n'en est plus de même quand il est administré seul. Donné pour tout aliment aux chevaux, il occasionne des maladies graves. D'après M. Magne, ces maladies seraient dues à ce que les éléments nutritifs qu'il renferme n'y sont pas associés en de bonnes proportions pour satisfaire aux phénomènes de la vie plastique et à ceux de la calorification. Voici ce que dit à ce sujet le savant directeur de l'École d'Alfort : « On peut, *jusqu'à un certain point,* expliquer les effets nuisibles des légumineuses par leur composition chimique. Elles renferment beaucoup d'azote, mais elles ont moins de matières grasses et moins de substances salines que les foins des prairies naturelles... De sorte que, si les animaux prennent assez de luzerne ou de trèfle pour suffire aux besoins de leur respiration en matières hydro-carbonées, ils introduisent dans leur corps une trop forte proportion d'azote, et leur sang devient trop fibrineux et trop albumineux ; tandis que s'ils ne prennent que le foin réclamé par les besoins de leur corps en principes azotés, la respiration reste incomplète faute de matières susceptibles de se combiner dans le poumon avec l'oxygène de l'air. »

Bourgelat me paraissait plus clair ; il est certain qu'aujourd'hui le grec devient obligatoire pour comprendre le français ; de là nécessité de le rendre gratuit. Quoi qu'il en soit, je constate que ni autrefois, ni de nos jours, on n'a répandu tous ces méchants bruits sur le compte de l'avoine, de la paille et du foin.

DU VERT.

M. Vallon dit avec infiniment de justesse que le vert est, pour le cheval de guerre, un régime exceptionnel dont la prescription demande de la mesure et du discernement, et que le choix des chevaux auxquels on le donne exige la plus grande attention. Son administration amène toujours des changements notables dans l'économie et peut avoir les conséquences les plus contraires. Autant, en effet, un vert de bonne nature, et administré dans des circonstances convenables, produit de bons résultats, autant cette nourriture de qualité médiocre et donnée dans des conditions défavorables, amène des effets fâcheux. Toutes choses égales, le vert convient beaucoup mieux aux chevaux en Algérie qu'en France; aussi les chasseurs d'Afrique et les spahis y mettent-ils les leurs, tous les ans, pendant six semaines environ. Ils ne font d'exception que pour les sujets dont un état maladif en contre-indique l'usage. Les effets plus avantageux du vert en Algérie qu'en France tiennent à plusieurs causes : au climat, à la manière de le donner, au mode d'élevage des chevaux, qui a toujours lieu en plein air et en liberté, et surtout au pouvoir nutritif et tonique des plantes, bien supérieur dans les pays chauds que dans les régions tempérées.

En France, ajoute le même auteur, le vert produit de meilleurs effets dans les contrées chaudes et sèches que dans celles où règne une température humide et froide. Toutes choses égales, dans les années de sécheresse, les effets en sont plus salutaires que dans les années froides et humides.

Non-seulement nous partageons ce sentiment, mais nous croyons que dans notre climat et les climats analogues le nombre est très-restreint des chevaux de service aux allures vives auxquels le vert est avantageux, soit à l'écurie, soit dehors, en laissant paître ou en donnant dans des râteliers l'herbe fauchée d'avance.

Et d'abord quel est le but de la nourriture verte à l'écurie pour les animaux en santé soumis au régime du sec? Purger doucement et rafraîchir ceux qui peuvent en avoir besoin; pour les autres ce changement d'alimentation est sans objet; ils vont bien, il n'y a qu'à les laisser tranquilles. On ne peut, en effet, avoir la prétention d'augmenter leur vigueur en les soumettant plus ou moins au régime des vaches. Qu'on les purge avec de l'escourgeon donné pendant quelques jours à l'écurie, ou qu'on les purge suivant la formule prescrite par le vétérinaire, comme cela a lieu pour neuf chevaux sur dix, je n'y vois pas grande importance.

Si le vert est contre-indiqué, d'après l'avis très-fondé du savant hippologue déjà cité, pour les vieux chevaux (les meilleurs), qui ont besoin, pour se bien porter, d'une nourriture tonique; pour ceux qui font un service pénible et réclament une nourriture très-substantielle, afin de réparer des pertes considérables; pour les animaux en bonne santé, forts et énergiques; pour ceux d'un tempérament lymphatique; enfin, pour ceux atteints de maladies chroniques et d'engorgements froids, à quels chevaux le vert est-il utile? (nous parlons maintenant du vert en liberté, ayant déjà donné notre opinion sur l'autre).

En réponse à cette question, nous dirons que sous cette forme seulement, le vert est utile. Il l'est principalement aux chevaux atteints de fatigue générale des membres, aux convalescents de fourbure, à tous ceux qui ont les pieds souffreteux ou altérés par suite de la ferrure ou de toute autre cause, hormis le cas des maladies de la fourchette; aux boiteux, quand on ne peut préciser le siége exact de la claudication ; à ceux enfin dont les membres ont reçu pour n'importe quelle cause l'application du feu ou de vésicants énergiques.

Nous l'avons vu réussir également pour hâter la convalescence des pneumonies chez les jeunes sujets bien construits et d'un tempérament vigoureux.

En somme, un très-grand nombre d'observations, que nous avons soigneusement enregistrées, nous a amené à croire que la mise en liberté, le repos, le calme, l'air pur et la fraîcheur du sol, entrent, dans les bons résultats obtenus, pour une part très-supérieure aux effets de l'herbe consommée. La preuve, c'est que nous avons vu pendant l'hiver les chevaux, dans des enclos devenus boueux ou durs, où ils passaient toute la journée sauf pendant les froids intolérables, se remettre presque aussi promptement que l'été des affections que nous avons énumérées. Nous n'en exceptons pas les jeunes convalescents de pneumonie, soustraits par ce régime à l'atmosphère plus ou moins viciée des écuries les mieux construites.

Quant aux animaux envoyés au vert pour inflammation chronique des organes digestifs, maigres, mangeant mal, ne s'acclimatant pas après la première année à l'hygiène réglementaire, chétifs et sans vigueur, en un mot impropres à un service aux allures vives, voici ce que nous croyons avoir remarqué : ils mangent l'herbe avidement, elle leur profite, et ils engraissent ; ils reprennent assez vite l'aspect florissant et trompeur de jeunes bœufs qu'ils avaient au moment de leur acquisition. On les remet dans le rang. La nourriture verte se fond comme la neige au travail, en automne, au moment où ils prennent leur poil d'hiver, et les voilà dans l'état primitif. Au printemps suivant, deuxième vert, et les mêmes phénomènes se reproduisent, et ainsi de suite jusqu'à ce que le farcin ou la réforme en débarrasse les effectifs.

Dans le second cas, il peut arriver parfaitement bien que, rachetés par un maraîcher ou un cultivateur, ils traînent au pas jusqu'à l'âge de vingt ans une charrette de légumes ou de grains; à chacun son métier.

Dans les écuries particulières où l'on aime les chevaux de selle vigoureux et en chair ferme, on est très en garde contre les fourrages verts pour les chevaux que l'hiver a éprouvés. Un grand nombre de vétérinaires n'y ont recours que rarement, et beaucoup prescrivent de maintenir et quelquefois d'augmenter la ration d'avoine pendant la durée du régime. En effet, lorsqu'on a acheté un véritable petit bœuf engraissé, sans haleine, sans résistance, sans muscles, baigné de sueur après deux kilomètres de trot; et qu'à force de soins, de bonne avoine, de sage progression dans le travail, on est arrivé à obtenir une poitrine, des muscles, des tendons résistants, un sang généreux et de bonne couleur, de la vitesse et du fond, on est tenté de faire le serment que jamais cet animal ne mangera une poignée d'herbe et ne sera lâché dans une prairie. Dans nos climats surtout et avec la majorité de nos chevaux indigènes, tout ce qui peut rendre les animaux mous, froids, relâcher les organes intestinaux, augmenter la sérosité du sang, a des conséquences très-graves. En Angleterre, où l'étalon de pur sang issu de l'arabe a rehaussé les qualités de l'indigénat, mais où le climat est encore moins favorable, les chevaux de selle et de chasse sont rarement soumis au régime du vert, même à la suite d'un grand délabrement. Déjà, en 1667, Newcastle disait : « Les chevaux de » grand exercice doivent avoir une nourriture » sèche, l'humidité les gaste : car elle engendre » beaucoup de corruption ; cette corruption ex» cite la chaleur étrangère qui affoiblit la cha» leur naturelle. Ce qui est l'origine et la source » de plusieurs maladies : car elle fait fermenter » les humeurs, ce qui trouble les digestions dans » les parties et fait de longues maladies. C'est » pourquoy ne leur donnez jamais de l'herbe. » Et plus loin : « Je ne mettrai jamais mes che» vaux au verd passé l'âge de cinq ans : j'ay » eu un barbe qui avoit une morfondure, et je » m'étois laissé persuader de le mettre au verd; » mais lorsque je l'en eus retiré, il s'est trouvé » courbattu, quoyque je ne luy en aye donné » que dix ou onze jours, et j'ay toujours remar» qué qu'ils en sortoient plus incommodez qu'ils

» n'y estoient entrez : *car leur chair devenoit* » *molasse.* »

Tel était également l'avis de Nimrod (lord Apperley), ce chasseur de renards si célèbre en Angleterre, praticien instruit et point prétentieux, dont les lettres originales ont plus fait, de 1822 à 1828, pour vulgariser la connaissance du choix des hunters, de leur traitement et de leur condition, que les traités scientifiques rédigés souvent, par des pédagogues qui ne montent pas à cheval, dans un langage inintelligible pour le plus grand nombre des lecteurs[1].

Le commentateur de Nimrod, Cornélius Tongue (Cecil), dit également que la nourriture verte est non-seulement inutile, mais très-préjudiciable à la condition, à moins qu'elle ne soit en très-petite quantité et mélangée de foin, ou donnée à un cheval peu fourni de chair, avec addition d'avoine et de fèves; mais, ajoute-t-il, les cas qui requièrent un pareil traitement sont très-rares.

Il est certain que les chevaux de service rapide, en bonne santé, n'ont besoin ni de man-

[1] M. le docteur Guyton a publié, en 1862, une excellente traduction des lettres de Nimrod, sous le titre de : *Remarques sur la condition des hunters, le choix des chevaux, et leur traitement.*

ger du vert, ni d'être envoyés au pré, et la majorité ne gagne rien à ce régime, qui, du reste, est très-rarement appliqué de nos jours. Nimrod cite à ce propos une historiette pleine de bonhomie et en même temps de finesse.

« Je pense, dit-il en se résumant, n'avoir pas besoin d'en dire plus pour persuader le lecteur de ma conviction entière sur les désavantages de la méthode d'envoyer les hunters au pâturage la saison d'été ; je terminerai cette partie de mon sujet par une anecdote que m'a racontée un de mes amis l'autre jour ; elle vient si à point que j'espère qu'on me pardonnera de la placer ici. Je regrette de n'avoir pas le plaisir de connaître la lady en question et de n'avoir pas l'occasion de m'entretenir avec elle d'un sujet sur lequel ses idées se rapportent si bien aux miennes. Mon ami se promenait dans les rues de Londres, quand sa vue se porta vers une paire remarquablement belle de chevaux carrossiers à longue queue, qui, d'après les armes des panneaux de la voiture, paraissaient être la propriété d'une riche vieille fille. En complimentant le cocher de leur belle apparence, il remarqua « qu'ils étaient en très-bon état pour leur âge », l'un étant âgé de vingt-six ans et l'autre de vingt-trois. — Je suppose, dit mon ami, qu'ils ont été très-ménagés. — Non, en vérité, monsieur, dit le cocher, ils travaillent aussi durement que n'importe quels chevaux sur le pavé de Londres, et ma maîtresse parcourt avec eux toutes les villes d'eaux de l'Angleterre pendant l'été ; quant à de l'herbe, ils n'en ont jamais tâté depuis que nous les avons ; car elle prétend être « *sûre qu'elle leur donnerait la colique* ». La vieille lady, il paraît, agissait d'après le bon vieux principe, « *laisser les choses tranquilles* ».

CHAPITRE CINQUIÈME.

Le cavalier militaire.

L'armée forme peu de cavaliers; c'est profondément regrettable au point de vue de l'emploi futur de la cavalerie dans les guerres auxquelles il faut nous préparer. De plus, il est vraiment triste de constater que dans un pays où l'industrie chevaline est en souffrance, surtout parce que le goût et la connaissance des chevaux sont rares, cinquante mille hommes environ formant l'effectif général de la cavalerie passent le temps de leur congé, tant sur le pied de paix que sur celui de guerre, sans s'intéresser suffisamment aux choses équestres pour devenir capables de rapporter dans les campagnes françaises des connaissances pratiques profitables.

Pourtant, le fait est exact. Sauf pour ce qui regarde le pansage, la plupart des cavaliers militaires rentrent dans leurs foyers, après cinq ans de service, avec une ignorance complète du cheval et même de l'équitation, qu'ils deviennent incapables de pratiquer élémentairement après un an de vie civile. On est presque constamment surpris de la maladresse, de l'inexpérience et de l'ignorance absolue d'une foule d'hommes ayant fait au régiment un congé, quelquefois deux, et ayant été pour ce motif admis d'emblée dans les écuries des services publics ou de l'industrie.

Il y aurait pourtant, indépendamment des considérations exclusivement militaires, auxquelles nous reviendrons plus loin, il y aurait, disons-nous, au point de vue de l'avenir hippique de l'agriculture en France, un immense intérêt à ce que les soldats libérés du service apportassent au pays un petit bagage de notions simples mais pratiques, le goût des chevaux et cette adresse à les manier, sans laquelle il est impossible aux cultivateurs de se livrer avec profit à l'élève des produits rapprochés du sang. Ceux-ci, parmi lesquels on cherche les chevaux de guerre, exigent en effet bien plus de précautions, de savoir et d'habileté, que les animaux lymphatiques et mous des espèces communes. Il est tellement vrai que le pays manque d'hommes adroits, que, malgré les embarras financiers du moment, le ministre de l'agriculture a cru devoir, par son arrêté du 11 septembre 1871, réorganiser les écoles de dressage subventionnées, qui, d'après les dispositions de l'arrêté, doivent devenir une pépinière de palefreniers et de cochers. Malheureusement, ces établissements, par le fait de leur organisation dispendieuse, ne rendent de services qu'aux gens riches et aux gros éleveurs, qui y trouvent, les premiers des hommes d'écurie, les seconds un facile écoulement pour leurs produits bien ou mal dressés; ils demeurent sans effet sur les petites exploitations agricoles, c'est-à-dire sur la masse des éleveurs.

La cavalerie pourrait être d'un grand secours à l'agriculture, sous ce rapport. Il est inutile d'ajouter qu'elle gagnerait la première, et énormément, à former des soldats habiles, capables de manier leurs chevaux isolément, sachant comment on doit les nourrir, les faire ferrer, les soigner dans leurs indispositions légères en campagne et surtout en pays ennemi. Le nombre des hommes incapables de prendre avec initiative la responsabilité de leurs chevaux, de faire, sans être constamment guidés par leurs chefs, une route quelconque, et *de se débrouiller*, en un mot, si leur service les éloigne de surveillance et de direction, est incalculable. Que dis-je? le nombre des cavaliers incapables de faire sortir leur cheval du rang, s'il y met la moindre opposition, est considérable.

Sur le pied de paix, tout va bien ou mal, sans de notables inconvénients. La forge est dans le quartier, le vétérinaire fait l'inspection des chevaux au début des maladies les moins graves; les revues de harnachement sont assez fréquentes pour que les animaux blessés par la selle ou gênés par le mors soient l'exception; le maître sellier ajuste lui-même les brides et toutes les pièces du harnachement sous la surveillance et la responsabilité du capitaine commandant.

Quant aux hommes, ils regardent faire, plus ou moins machinalement et sans se rendre compte de ce qui se passe sous leurs yeux. En somme, tout marche correctement; le colonel peut féliciter à juste titre le régiment de sa belle tenue, après une revue à cheval, passée sous un beau soleil; les mors étaient astiqués à la gourmette, les porte-manteaux, tous également droits ou cintrés, suivant le caprice du chef de corps; les cuivreries étaient brillantes et les cuirs cirés à tour de bras.

Assurément la correction de la tenue ne saurait être trop louée. Mais en campagne, après une reconnaissance difficile, terminée non pas par un cantonnement (nous nous obstinons à ne pas cantonner et à charger avec les tentes les chevaux comme des mulets), — mais par un bivouac dans une plaine inhabitée? Où est le maître sellier? Le vétérinaire a-t-il perdu sa trousse? Au diable le tripoli, c'est un bout de ficelle qu'il faudrait placer à propos. Voilà le cas de se montrer adroit et de savoir poser sa selle de manière à pouvoir remonter sur le cheval bas du devant, qui se trouve blessé au garrot, parce que la croupière est cassée. Alors celui auquel on aura appris qu'en pareille occurrence une motte de gazon imbibée d'urine pouvait servir tout à la fois de cataplasme et de faux panneau, devient un malin.

Étudions donc les moyens propres tout à la fois à former des cavaliers assez habiles, assez intelligents pour arriver à faire efficacement ce difficile métier d'éclaireurs qui a rendu de si grands services à nos ennemis; et aussi à renvoyer dans leurs foyers des paysans aimant le cheval, sachant amener sur un marché un animal élevé avec goût, pansé avec soin, convenablement ferré, et pouvant le monter devant l'acquéreur avec un bridon et une simple couverture, sans provoquer, par des attitudes grotesques, le sourire des passants.

Si dans notre cavalerie, comme dans celle des armées étrangères, comme partout où l'on est laborieux et pratique, tout ce qui touche à l'équitation, à son enseignement, à la connaissance du cheval, était en honneur dans tous les grades et avait une large influence dans la question de l'avancement, bien des choses utiles pourraient être expérimentées, et certes ce n'est pas le temps qui ferait défaut à leur mise en pratique. Malheureusement, si les loisirs de la vie de garnison ne sont que trop considérables, aucun stimulant n'existe pour décider à les employer avec profit pour le métier.

Je suppose donc cette première hypothèse, que le soldat devenu cavalier remarquable et officiellement reconnu pour tel serait *breveté*, comme le sont certains canonniers de la marine. Le grade de cavalier de première classe ne remplit pas le but que nous nous proposons ; à la vérité, la loi de 1832 dit qu'il faut pour l'obtenir « être à l'école de l'escadron, avoir de la conduite, du zèle, de la tenue et *du goût* pour l'équitation ». Le goût ne suffirait pas au cavalier breveté ; le savoir pratique lui serait absolument demandé. Les cavaliers de 2e classe pourraient, comme ceux de 1re classe, devenir brevetés, car il ne suffirait pas, pour en arriver là, de ne point avoir de punitions, et d'être par-dessus tout *beau soldat*, assis avec roideur sur un cheval bien propre, dût-on n'avoir pour le diriger ni main ni jambes, ce qui est actuellement le cas de la plupart des cavaliers de 1re classe.

Le cavalier breveté recevrait un signe extérieur distinctif analogue à l'épinglette de tir du fantassin, et en outre, à sa sortie du régiment, un diplôme équestre, dans le genre de celui des prévôts d'armes. J'ai vécu de la vie de chambrée, et je sais combien les troupiers sont heureux lorsqu'ils espèrent rapporter au pays natal une distinction honorifique quelconque, témoignage de leur mérite militaire, et souvenir de leur congé, qu'ils conserveront pieusement.

Une petite tête de cheval, par exemple, en broderie d'or ou d'argent, n'aurait, il me semble, rien que de parfaitement normal sur le bras d'un cavalier. Quant au diplôme, il deviendrait, plus qu'on ne le croit, d'une grande utilité aux hommes libérés ; cette pièce, jointe au certificat de bonne conduite, leur servirait à trouver dans les villes des places d'hommes d'écurie ; dans les campagnes, elle les obligerait à mettre, dans l'emploi intelligent des chevaux, leurs actes en rapport avec la signification de ce diplôme encadré dans leur chambre et connu de tout le village. En quelques années, l'élevage des chevaux de service y gagnerait assurément.

Je suppose encore que, dans tous les grades, du brigadier à l'officier inclusivement, l'habileté en équitation, l'aptitude à former des cavaliers, le savoir en hippologie, les travaux consciencieux faits sur divers points de la science hippique si utile à l'arme, deviennent un titre très-sérieux pour l'avancement ; disons plus, une condition de rigueur ; il y aurait dans cette hypothèse divers moyens simples de faciliter à tous le perfectionnement équestre, théorique et pratique.

En garnison, beaucoup d'instants précieux

sont employés sans profit. Le long pansage du soir, inconnu dans les écuries civiles les mieux dirigées, — où, certes, les chevaux sont autrement tenus que dans l'armée, — est parfaitement inutile, si celui du matin a été fait complétement et n'a pas eu lieu, pendant l'hiver, à une heure où l'obscurité des écuries est telle qu'aucun contrôle n'est possible à l'officier.

Les nombreuses promenades des chevaux, profitables à leur santé, mais non à leurs allures, ni à l'instruction équestre des hommes, absorbent de leur côté un temps considérable presque entièrement perdu.

Les magnifiques manéges construits à grands frais dans la plupart des quartiers, sont peu ou point fréquentés. Ils servent à peu près exclusivement à l'instruction, tant à pied qu'à cheval, des recrues, et quelquefois à la promenade des chevaux de l'infirmerie. Je ne parle pas des terrains de manœuvre, qui sont pour la solitude de petits Saharas pendant les belles après-midi de printemps et d'automne. Ne pourrait-on pas mieux utiliser tout ce temps, tous ces emplacements?

Dans chaque escadron, les pelotons à tour de rôle, sous la conduite de leurs officiers, ne pourraient-ils pas être menés au manége, ou sur le terrain, en petite tenue, sans armes, les chevaux sellés et bridés, et y revoir, y repasser, non plus cette fois avec le littéral seulement, mais familièrement pour ainsi dire, et avec tous les développements et les explications individuelles désirables, les points les plus particulièrement équestres de l'école du cavalier à cheval ? Cette école renferme en substance tout un cours d'équitation militaire, pour quiconque veut comprendre et méditer les quatre leçons de la théorie si souvent et si injustement critiquée.

Ne pourrait-on pas ensuite repasser également, au point de vue spécial du maniement précis et adroit des chevaux, cette école de peloton qui, bien exécutée dans tous ses mouvements et à toutes les allures, constitue une magnifique reprise de manége, pouvant se terminer par un véritable carrousel, animé par la course des têtes et le saut des obstacles? Sans doute on pourra m'objecter que tous les ans, afin de parcourir intégralement le cercle de l'instruction régimentaire, l'école de peloton et celle de l'escadron sont rapidement exécutées, avant d'en arriver aux évolutions de régiment. Mais le point sur lequel nous voulons spécialement insister, qui, suivant nous, est capital, celui de l'instruction équestre des hommes, se trouve ainsi, sinon systématiquement écarté, tout au moins, et par la force des choses, négligé d'une manière très-regrettable.

Et le travail individuel, le travail à volonté, avec des sonneries n'ayant pour objet que de régler l'allure à laquelle il doit être exécuté? Ce travail, dans lequel chaque homme ne doit qu'à son initiative les mouvements qu'il demande à son cheval, est aimé du soldat, le rend cavalier, tout en lui causant un vif plaisir; je me rappelle encore quelle fête pour nous lorsqu'il était ordonné. Mais, hélas! cela arrivait deux fois par an. Ces jours-là, au retour, chacun se regardait comme un centaure, et tenait son cheval pour le meilleur de l'escadron! Malheureusement, ces grands événements étaient rares, de sorte qu'au lieu d'exécuter les mouvements avec calme et réflexion, nous étions pour la plupart aussi affolés que des enfants qui, à la sortie de la classe, s'échappent en désordre de l'école[1].

[1] « En Prusse », dit un correspondant du *Bulletin de la Réunion des officiers* (n° du 13 juillet 1872), « les hommes con-» duisent très-bien leurs chevaux. Ce résultat est obtenu au

Le travail individuel ne peut être efficace au point de vue équestre qu'à la condition d'être contrôlé, et la surveillance ne s'exerce avec fruit, dans ce cas surtout, que *sur un nombre d'hommes très-restreint;* car il est nécessaire que l'officier, soit pendant le travail, soit après, puisse rectifier tous les défauts de conduite qui ont empêché l'homme de tirer de son cheval le

» moyen du travail individuel qu'ils font presque continuel-» lement. Sur le temps du travail, plus de moitié y est con-» sacré. Ce n'est pas du travail individuel comme je l'ai vu » faire bien des fois; quand tous les hommes le font, ils font » tout ce qu'ils entendent, tout en restant dans un espace » restreint. Dans les commencements on perd un peu de » temps, parce qu'on ne fait travailler qu'un seul homme dans » l'intérieur du carré, pendant que les autres marchent sur » la piste, puis on en prend deux, trois, etc. Dans ces com-» mencements on fait faire aux hommes des voltes et demi-» voltes, ensuite on leur apprend à faire partir leurs chevaux » sur le bon pied. Ce travail se commence toujours sur le » cercle, ce qui donne plus de facilité à l'homme, et lui fait » mieux comprendre l'action de la main et des jambes, et » quand ils sont sur la ligne droite, ils embarquent parfaite-» ment leurs chevaux sur l'un ou l'autre pied. On les fait » travailler sur la ligne droite, à un mètre, quatre mètres et » huit mètres de distance, à toutes les allures; et ces distances » sont parfaitement conservées. »

Une autre remarque bien digne d'attention :

« Ces gens-là travaillent par tous les temps. En hiver ils » faisaient même enlever la neige au Champ de Mars pour » former des pistes, sur lesquelles ils répandaient du sable; » ils en avaient des tas en réserve, et des hommes de corvée » pour l'étendre au besoin. »

parti convenable. J'en appelle à l'expérience de tous ceux qui ont eu à diriger une instruction de ce genre. Agir autrement ne peut avoir pour résultat que de diminuer le temps consacré à l'instruction en la donnant très-mal à beaucoup d'hommes à la fois; or il ne s'agit pas de faire vite, mais de faire bien.

Ne devrait-on pas aussi confier à un officier son peloton, à un capitaine commandant son escadron, pour faire isolément de courtes promenades aux allures vives? Les chevaux seraient sellés et bridés, et non pas jetés sur les épaules avec le bridon. On profiterait de l'occasion pour enseigner aux cavaliers l'usage du trot enlevé, dit à l'anglaise, que tous doivent connaître, et ne peuvent exécuter convenablement d'instinct. Cet exercice doit être considéré comme une excellente étude, bien qu'il ne puisse trouver dans la cavalerie son application générale; néanmoins, on nous accordera qu'il est à peu près indispensable pour le service des ordonnances, et que, dans les marches en colonne, par deux ou par quatre, par deux surtout, le *botte à botte* n'a plus aucun avantage, et que cheval et cavalier auraient tout à gagner à l'emploi du trot à l'anglaise exécuté avec régularité.

Je n'entre pas ici dans des détails plus techniques sur l'avantage du trot enlevé; je me contenterai de la citation suivante, empruntée au cours d'équitation professé à Saumur par M. d'Aure, d'illustre mémoire : « Non-seulement parer la réaction du grand trot est un » avantage pour le cavalier, qui, tout en évitant des réactions très-fatigantes, peut donner » à sa main une fixité et une légèreté qu'il perd » autrement; mais ce moyen facilite la progression du cheval, et lui rend le travail moins » pénible.

» En effet, en n'évitant pas la réaction, on diminue inévitablement la vitesse, car le moment » où le cavalier, après avoir été violemment » renvoyé de la selle, retombe dessus, est celui-là même où s'opère la détente des jarrets, et » le choc qui en résulte amortit la force de détente de ces articulations et diminue proportionnellement la vitesse. Ce qui vient encore » contribuer à ce fâcheux résultat, c'est qu'à » chaque secousse que reçoit le corps du cavalier, la main vient imprimer sur la bouche du » cheval une saccade qui arrête encore l'impulsion en avant. Si, au contraire, le cavalier » cède à l'impulsion qu'il reçoit de la détente

» des jarrets, alors elle s'opère avec toute la » puissance dont elle est susceptible, au profit de » la chasse, et par conséquent de toute la » vitesse. »

Ajoutons que la portée actuelle de l'artillerie nécessite de la part de la cavalerie, pour que celle-ci soit conduite sur les points d'où elle pourra charger utilement, une vitesse soutenue sans essouffler les chevaux, par conséquent l'usage du trot allongé. Autrement, ruinés promptement, et en tout cas mis hors d'haleine par l'abus du galop, ils ne peuvent conserver aucun perçant pour la charge; et ces exigences seront encore bien plus impérieuses lorsque nos cavaliers, profitant des leçons qui nous ont été données, devront être envoyés à trente et quarante kilomètres en avant de nos corps d'armée pour les couvrir d'un rideau impénétrable, et, tout en dérobant nos mouvements, garder un contact continuel avec l'ennemi, afin d'épier et d'indiquer les siens; enfin, pour jeter le trouble à la fois dans l'esprit des populations et dans les conseils des généraux ennemis, éternellement incertains du point sur lequel ils seront attaqués.

Le service en campagne n'est certes pas prolixe sur toutes ces choses, malheureusement pour nous un peu neuves; mais tel qu'il est, ne pourrait-on l'étudier davantage, en attendant mieux? Je demande, par exemple, quel obstacle sérieux il y aurait à envoyer isolément les commandants d'escadron avec leur troupe faire, soit dans les forêts de l'État lorsqu'il s'en trouve à proximité, soit dans la campagne, lorsqu'il n'y a pas de dégâts importants à commettre, des simulacres de reconnaissances flanquées d'éclaireurs, et ayant une avant-garde précédée aussi d'éclaireurs comme le veut le règlement? Il n'y a pas, que je sache, d'autre manière d'apprendre aux hommes à manier leurs chevaux en rase campagne, et non plus au manége ou sur le terrain tout aussi aplani du champ de manœuvres et des grandes routes.

Le règlement — nouveau pourtant — de 1871, est, comme le précédent qu'il recopie d'ailleurs, d'une exécution presque impraticable. Il dit que « du 1er septembre jusqu'au » 1er octobre, le régiment est exercé alternati- » vement aux évolutions et aux détails du ser- » vice de guerre. A cet effet, le colonel, *toutes » les fois qu'il en a la possibilité,* conduit le ré- » giment *dans la campagne*, afin de l'habituer à

» parcourir toute espèce de terrains, et à faire » l'application des évolutions aux différentes » localités. »

Pourquoi toujours le régiment entier, et toujours une date fixe? Dans beaucoup de régions, à cette époque de l'année, les récoltes ne sont pas complétement terminées; les dernières coupes des sainfoins, trèfles et luzernes, les betteraves, les pommes de terre, le blé de sarrasin restent à enlever. De plus, avec la variété des cultures et l'extrême division de la propriété, il est presque impossible à tout un régiment conduit dans la campagne de marcher ailleurs que sur les routes. Aussi, c'est ce que l'on fait. Pour un escadron, ou une division, il serait plus aisé de trouver à des dates variables suivant les pays, dans la plupart des localités, des terrains accidentés d'une étendue suffisante.

Disons-le franchement : le service des reconnaissances, et surtout celui si important, si délicat des éclaireurs, sont complétement inconnus à nos soldats qui entrent en campagne sans les comprendre, et sans en avoir fait préalablement, et à tête reposée, l'apprentissage intelligent; nous savons ce que cela nous a coûté.

En vérité, vous aurez beau vous conformer

aux textes, et « choisir pour éclaireurs des » hommes bien montés et *propres à ce genre de » service* », s'ils ne savent rien d'avance du métier qu'ils vont faire, s'ils ne l'ont jamais appris, le moment de le leur enseigner est bien mal choisi, à une distance peut-être rapprochée de l'ennemi, alors qu'ils sont fort inquiets, quoi qu'on en puisse dire, de l'isolement où ils vont se trouver pour la première fois. Les chevaux autant que les hommes doivent être préparés de longue main à un travail qui les force à marcher isolément, contrairement à l'instinct naturel et aux habitudes acquises. Une fois seul et sentant les autres restés en arrière, le cheval le plus vaillant dans le rang, en raison même de sa vigueur, ne consentira pas toujours, de prime abord, à traverser les gués, à descendre dans les fossés, à pénétrer dans les taillis. Il profitera quelquefois des premiers obstacles, soit pour s'arrêter et troubler par ses hennissements un silence indispensable, soit pour essayer une vingtaine de tête à queue dans le but de rejoindre les camarades dont il s'est séparé à regret.

Au point de vue de l'enseignement, ce service ne peut être bien compris et bien surveillé que s'il est pratiqué sur une petite échelle, — par un escadron à la fois, je suppose. — Alors la direction est active, incessante, et chaque cavalier a, pour ainsi dire, sa part complète des instructions et de leurs développements. Le soldat y prendrait l'intérêt le plus vif, surtout si les chefs se donnaient la peine de lui expliquer à loisir et paternellement le métier intelligent qu'il a à faire; surtout si le plus souvent, bien à l'aise en bonnet de police et en veste, n'ayant que le sabre et le mors de bride à nettoyer au retour, il n'avait pas à redouter dans ce travail une corvée nouvelle, faite en armes, avec *tout le bibelot* à astiquer en rentrant au quartier; je le dis sans crainte d'être démenti, dans de semblables conditions, ces exercices, si profitables à la formation de cavaliers habiles et de troupiers dégourdis, seraient pour lui de véritables distractions.

Quant à l'hippologie élémentaire, comprenant l'étude de l'extérieur du cheval, de l'hygiène, de la ferrure, des affections maladives et de la petite chirurgie vétérinaire, les vétérinaires des régiments ne pourraient-ils pas faire sur ces matières un cours régulier aux sous-officiers? Ils ont fait des études spéciales, et leur enseignement serait solide; j'en citerai comme preuve le cours d'hippologie si substantiel et si clair fait à Saint-Cyr par M. Lemichel. Ce petit ouvrage devrait être dans les mains de tous les sous-officiers de cavalerie.

Comme conséquence de ces leçons, des examens de fin d'année, subis devant une commission d'officiers dont ferait partie le vétérinaire en premier, seraient institués, et leur résultat devrait exercer sur l'avancement une influence considérable.

Résumons-nous. En intéressant le soldat aux choses équestres, en excitant l'émulation de tous les grades par l'influence que le savoir en hippologie et en équitation aurait sur l'avancement, — ce qui est d'ailleurs normal dans la cavalerie — l'arme se perfectionnera, et en outre elle fournira à l'agriculture des hommes de cheval qui manquent partout, et dont l'absence arrête la production et l'élevage du cheval rapproché du sang, et solidairement du cheval de guerre.

Cette considération, dont l'importance est capitale, exigerait des développements que notre cadre ne comporte pas; militairement elle renferme des corollaires utiles du service obligatoire. Même en temps de paix, un pays est réellement la nation armée, lorsqu'il prépare constamment des cavaliers et des chevaux aptes à faire la guerre, et que cette préparation est entrée naturellement dans ses mœurs. Si l'enfant de la campagne a contracté au régiment la connaissance, l'amour du cheval et le goût de l'équitation, rentré dans ses foyers, il veillera avec soin à la production et à l'élevage des poulains, il montera ses chevaux, il apprendra à ses enfants à les monter, et il formera ainsi des cavaliers militaires pour l'avenir. Le fils de famille ne voudra pas rester en arrière, et avant même d'entrer au service, il cherchera à s'instruire en équitation au lieu de consacrer l'argent de ses menus plaisirs à des futilités ou à de dangereuses fantaisies. Avec le temps, ces modifications sociales prendraient un cachet traditionnel, et nous deviendrions un peuple cavalier. L'armée et le pays y trouveraient leur compte.

CHAPITRE SIXIÈME.

Considérations sur l'équitation dans l'armée.

Le règlement dit que l'école du cavalier à cheval a pour objet de former des cavaliers adroits à manier leurs chevaux et leurs armes dans toutes les directions et à toutes les allures. C'est, en effet, l'objet de l'équitation militaire; nous dirons même que l'équitation civile actuelle, le maniement des armes excepté, n'a pas d'autre but. La chose est claire et nette, l'art ayant été réduit à ce côté exclusivement pratique; mais elle est plus malaisée à exécuter qu'on ne le suppose, et pour l'enseigner judicieusement, il faut en savoir beaucoup plus long.

Avec son emploi dans le présent, et plus encore dans l'avenir, la cavalerie n'a pas à regretter les méthodes d'enseignement antérieures aux principes de Bohan, qui ont en général servi de base à l'ordonnance. Après Rosbach, on avait compris enfin l'utilité des réformes apportées par Frédéric II à l'instruction et à la tactique des troupes à cheval; la nécessité d'opérer vivement et d'avoir au lieu de cavaliers occupés à asseoir leurs chevaux sur les hanches, des escadrons habitués comme ceux de Seydlitz à une extrême rapidité de mouvement, était démontrée à nos dépens. De même le rôle de la cavalerie prussienne dans la dernière guerre nous démontrera sans doute « qu'en fait d'instruction, on n'est riche au jour » de l'application que lorsque l'on est trop » riche. Dans ce grand jour, il est trop tard » pour apprendre, et il est temps de choisir le » nécessaire et d'oublier l'inutile. » Ainsi parle le général de Brack dans ce petit chef-d'œuvre intitulé *Avant-postes de cavalerie légère*, que nos ennemis ont soigneusement médité et mis à profit, pendant que nous le mettions... dans nos bibliothèques [1].

[1] Dans le compte rendu d'une brochure de M. T. Bonie, lieutenant-colonel dans l'armée française, le colonel allemand A. Borbstaedt s'étonne d'entendre la cavalerie française,

On doit reconnaître que déjà Gaspard de Saunier, élève de l'Académie de Versailles sous MM. de Bournonville et du Plessis, qui avait fait en 1688, comme écuyer du duc de Bourbon, les campagnes du Palatinat jusqu'à la paix de Ryswyk, puis, en 1702, la campagne d'Italie avec le général de Médavi, comprenait les nécessités d'une équitation moins renfermée pour les chevaux de guerre. Mort en 1748, cet écuyer vraiment militaire a laissé des écrits remplis d'excellents préceptes, qui faisaient pressentir les modifications apportées par la suite à l'enseignement équestre. Malgré son étendue, nous citerons en entier le curieux passage suivant; les bonnes vérités ne perdent pas leur actualité, malgré les formes surannées du langage :

« Un cheval n'est pas plus officieux ni plus » adroit dans les actions de la guerre, pour

qui reconnaît elle-même l'insuffisance dont elle a fait preuve dans sa mission de couvrir et d'éclairer l'armée de Wissembourg à Sedan, réclamer, pour son éducation à venir, un règlement et un recueil de préceptes. Ignore-t-elle donc, dit-il, qu'elle possède le code qui a formé, instruit et guidé la cavalerie allemande : l'ouvrage du général de Brack sur les avant-postes? (*Bulletin de la Réunion des officiers*, 10 août 1872.)

» avoir été dressé aux *grands airs*[1] de manége;
» au contraire, cela ne peut lui être que très-» préjudiciable, et dans mille rencontres, très-» funeste; car un cheval de combat doit couler » légèrement et continuellement sous l'homme, » se tourner à toute main selon la volonté du » cavalier, sans jamais s'arrêter pour se pré-» senter à courbettes et se tenir élevé sur les » hanches, ce qui ne peut servir qu'à déranger » l'ordre et à exposer plus dangereusement son » maître aux coups des ennemis, soit devant, » soit derrière. Voilà cependant à quoi les che-» vaux de manége sont tellement habitués qu'à » chaque fin de reprise, soit au galop ou au » trot, soit pour avancer ou tourner, on les » voit s'arrêter d'abord et se dresser sur les » hanches pour opérer des grâces de manége » très-disgracieuses à la guerre.

» Je sens parfaitement la violence que je cau-» serai ici aux préjugés des nourrissons de Mars, » à qui l'expérience n'a pas encore ouvert les » yeux : tout remplis des grandes apparences

[1] On remarquera que Saunier n'entend point critiquer le dressage élémentaire des chevaux au manége, qui a de tout temps été utile, mais seulement les airs relevés ou grands airs, ou airs de haute école, dont on abusait de son temps.

» du manége qu'ils fréquentent, ils s'imaginent que les airs les plus relevés sont les meilleurs pour combattre, et que pour remporter des lauriers, l'on ne peut être plus avantageusement monté que sur un sauteur vigoureux et alerte. Telle est la fausse idée qu'ils se forment des chevaux sur lesquels les héros ont triomphé. Aussi, à peine ont-ils achevé leur cours de manége, que tout leur goût se termine à se dresser des chevaux aux airs les plus apparents, croyant que ce qui saisit l'admiration du peuple dans un temps de parade, saisit également l'ennemi dans la mêlée d'une action. Mais leur erreur est grande, et leur prétention ne peut paraître que très-ridicule dans l'esprit des guerriers mêmes, et de ceux qui ont blanchi sous les étendards, et qui, par le nombre des campagnes qu'ils ont vaillamment soutenues, ont traversé mille fois les écueils de la mort.

» Il s'en faut bien que l'expérience de ces grands capitaines approuve une conduite si opposée à la manœuvre d'un combat : ils savent trop le danger, pour ne pas dire l'impossibilité qu'il y a d'attaquer, de soutenir, de poursuivre ou de fuir, avec un cheval qui

» s'arrête et se dresse à chaque mouvement de » main qu'il ressent : *ils aiment bien mieux pé-» nétrer dans le feu d'une bataille, avec des che-» vaux coulans comme des cerfs et plians comme » des serpens.*

» Quelque adroit que paroisse un cheval à » sauter dans un manége, ce n'est point une » preuve certaine qu'il sera également propre à » s'élever au-dessus des haies et des fossés si on » ne l'exerce auparavant à les sauter : car, » selon l'aveu de tous les experts, ceci est tout » autre chose que de cabrioler dans le manége : » aucun homme de cheval ne doit négliger ce » point, avant d'entrer en campagne; il n'en » est pas de plus important : car il arrive sou-» vent qu'en poursuivant ou qu'en fuyant l'en-» nemi, tout l'avantage est pour celui qui a un » cheval capable de l'élever au-dessus des buis-» sons, des ruisseaux et des barrières, comme » je l'ai éprouvé plusieurs fois dans les plus » grands dangers de ma liberté et de ma vie, » dont je ne me serois jamais tiré, si je n'avois » été sûr de la capacité du Pégase que je mon-» tois.

» C'est une conduite très-prudente et digne » d'un noble guerrier, de disposer tous ses che-

» vaux longtemps avant qu'on ouvre la cam-
» pagne, de les habituer de bonne heure aux
» différentes actions qui se pratiquent à l'armée;
» tantôt en émoussant toute leur sensibilité,
» avec le bruit et le feu des armes, par le trajet
» des gués et des ponts : tantôt en réformant
» leur humeur sauvage par de fréquents exer-
» cices de marches et d'évolutions différentes;
» tantôt les dressant au pas, au trot et au ga-
» lop, s'appliquant surtout à les rendre dociles
» et à les accoutumer aux impressions de la
» main.

» Voilà le vrai et le seul secret de dresser
» bien les chevaux pour la guerre. Par cette
» manœuvre, on découvre les bonnes et les
» mauvaises qualités de ces animaux, on a tout
» le temps d'éprouver leur capacité, de corri-
» ger ou de réformer ce qu'il y a de mauvais,
» de perfectionner le reste, et de prévenir une
» infinité de fautes, de dangers et de malheurs. »

Revenons à Bohan. Il était disposé nécessairement à protester contre l'équitation renfermée et aux allures lentes, qui nous avait été fatale en 1757, vingt-quatre ans seulement avant la publication de son livre. Aussi disait-il avec acrimonie : « Qu'on ouvre nos traités d'équitation, et l'on verra partout la nature forcée et contredite; que de milliers de chevaux estropiés et usés, avant d'en trouver un capable d'exécuter les singeries que nous ont fait dessiner MM. de Newcastle et de la Guérinière, etc., sous les noms baroques de passades, terre-à-terre, pesades, mezair, balotade, pas et le saut, falcades, répolon, etc., etc., etc. ! C'est de ce jargon minutieux dont je prétends surtout me préserver dans mon école; les chevaux ne connaîtront point d'allures artificielles, et j'appliquerai toutes les ressources de l'art à perfectionner celles que la nature leur a données. »

En 1827, Ducroc de Chabannes, dans son Cours d'équitation militaire, arrête son enseignement après la leçon du galop par quelques conseils pour l'éducation des jeunes chevaux, et s'élève à son tour contre les *airs* relevés, inadmissibles dans les manéges militaires, « espèce de jongleries qui n'ont d'autre mérite que de faire parfois briller la médiocrité aux yeux de l'ignorance, et qui seraient de véritables vices à réprimer dans le sujet qui y serait naturellement enclin ». Ces derniers mots sont sévères; mais il n'y a sans doute pas amphibologie dans la pensée de l'auteur, et le *sujet* est probablement le cheval. S'il s'agit du cavalier, c'est dur, — mais, heureusement, le besoin de répression serait aujourd'hui très-rare.

Enfin, de nos jours, le comte d'Aure, écuyer en chef de l'École de cavalerie, dont la notoriété hippique n'a été jusqu'ici dépassée ni même atteinte par aucun des contemporains, et dont les leçons ont formé les hommes qui sont aujourd'hui à la tête de la pratique et de l'enseignement équestres dans l'armée, a suivi la même route : passant en revue les théories du passé, il se sent presque tenté de se mettre d'accord avec Mottin de la Balme, qui déjà en 1776, quelques années avant Bohan, écrivait : « Loin de mettre de la science dans l'instruction à cheval, ou de subtiliser l'art, ce qui l'a rendu dangereux et impraticable, il fallait le simplifier, réduire le travail à ce que j'explique ci-dessous. Loin d'exiger des cavaliers qu'ils fassent passager, piaffer ou cheminer des deux pistes leurs chevaux, il faudra uniquement leur apprendre quatre mouvements avec lesquels ils pourront exécuter toutes les évolutions nécessaires à la guerre, etc. Voilà à quoi peut se réduire ce fantôme d'équitation qui a tant fait désespérer les cavaliers et extrapasser les chevaux depuis quelques années ». — Cette citation, ajoute M. d'Aure, ne semble-t-elle pas une actualité ? A nous, elle semble tranchante et exagérée.

L'enseignement de l'équitation la plus simple, et celui que nécessitent la diversité des évolutions, ne peuvent pas plus se limiter à quatre mouvements, que l'enseignement de la peinture ou de la musique ne peut se réduire à quatre règles. Dans les arts, il est bon d'éviter les formules chiffrées.

Dès les premières pages de son cours (1851), M. d'Aure en explique ainsi l'esprit et le but : « M. de Bohan, ancien colonel de cavalerie, avait fait de l'équitation sur les champs de bataille. Là il avait appris que l'équitation militaire devait être facile, hardie. Il voulait que la position, de guindée et prétentieuse que l'avaient faite les anciens écuyers de manége, devînt facile et aisée; qu'elle répondît aux nouvelles exigences de l'arme de la cavalerie, depuis la réforme que lui avait fait subir le grand Frédéric; il proscrivit les airs de manége, qu'il stigmatise du nom de gambades, inutiles à l'homme de guerre. Toutes ces modifications contribuèrent beaucoup aux progrès de l'équitation moderne; il lui restait beaucoup à faire; il fallait surtout qu'elle s'affranchît de l'habitude reçue de renfermer l'enseignement équestre entre les quatre murs d'un manége; il fallait qu'elle devînt ce qu'elle est aujourd'hui, qu'elle fût appropriée aux besoins de notre siècle, capable de faire un cavalier civil ou militaire, conduisant le cheval avec franchise, hardiesse, habileté, ne reculant pas plus devant une distance de quinze à vingt lieues à parcourir, que vis-à-vis les obstacles de tous genres que présente un terrain de chasse ou un champ de bataille. C'est dans cet esprit qu'ont été dictés les enseignements qui vont suivre. »

En effet, le cours professé par l'illustre écuyer ne s'écarte point de cette voie; il marche parallèlement avec l'ordonnance, mais sans servilité, et en lui donnant tous les développements qu'elle comporte. M. d'Aure, dont la mort est une perte considérable pour l'art équestre, était, sans conteste, le cavalier le plus solide et en même temps le plus élégant de son époque. Bien convaincu, en dépit de Pluvinel, que les fesses sont particulièrement faites pour s'asseoir, il maintenait très-longtemps ses élèves sans étriers et avec le bridon. Il savait bien que les étriers ne font pas la solidité, et qu'ils l'augmentent seulement quand l'homme a acquis assez de tenue pour ne pas les perdre alternativement, et être déplacé de plus en plus en se mettant à leur recherche; qu'en second lieu un cavalier, un cavalier militaire surtout, doit pouvoir, en dépit d'une étrivière cassée, continuer son temps de trot dans le rang, et à plus forte raison hors du rang. Il était persuadé que confier une bride à celui que le manque d'assiette expose encore à l'employer pour se maintenir en équilibre, compromet de plus en plus sa solidité par le désordre que l'action du mors occasionne aux mouvements du cheval; qu'enfin les effets de la bride ne peuvent être compris et exécutés que par l'homme parfaitement en selle. Son cours s'arrête au changement de pied en l'air, et il a soin de recommander aux élèves de n'en point faire abus. Point de système absolu, point de métaphysique, point de démonstrations mathématiques, — car l'équitation est un art, et non pas une science, et l'on y devient très-éclectique; — de bons et sages conseils donnés avec une juste progression, telle est la base du cours d'équitation de M. d'Aure. C'est à lui que pourrait surtout s'appliquer ce qu'il dit de l'École de Saumur : « Elle a compris que l'art, en se généralisant, doit se simplifier; il ne doit plus consister à provoquer des allures élevées, des mouvements forcés, servant tout simplement à faire valoir l'adresse et la patience de l'écuyer. Il doit être, au contraire, appliqué de nos jours à régulariser les allures, à posséder le cheval tout en lui laissant son énergie naturelle, et l'aidant à développer presque de lui-même les qualités qui lui sont propres. »

L'équitation militaire actuelle est donc en parfaite conformité avec les principes de Bohan et ses définitions : l'art de monter à cheval est celui qui nous donne et démontre la position que nous devons prendre sur un cheval pour y être avec le plus de sûreté et d'aisance; qui nous fournit en même temps les moyens de mener et conduire le cheval avec la plus grande facilité, et obtenir de lui par les moyens les plus simples, et en le fatiguant le moins possible, l'obéissance la plus exacte et la plus parfaite en tout ce que sa construction et ses forces peuvent lui permettre. L'homme de cheval est donc celui qui, solide et aisé sur l'animal, a acquis la connaissance de ce qu'il peut lui demander, et la pratique des meilleurs moyens pour le soumettre à l'obéissance. Le cheval dressé, ou mis, est celui qui connaît les intentions du cavalier au moindre mouvement, et y répond aussitôt avec justesse, légèreté et force.

Tout cela est simple et clair assurément, mais, nous l'avons dit, d'une exécution et d'un enseignement moins faciles qu'on ne le croit en général; la preuve, c'est qu'avec un art ainsi simplifié, on devrait monter plus volontiers et plus facilement à cheval que lorsque l'étude était compliquée et hérissée de difficultés : or nous n'en sommes arrivés là ni dans l'armée, ni dans le pays. Cette indifférence dans l'armée tient, je pense, à ce que l'équitation y est peu comptée pour l'avancement, et que la pratique équestre actuelle, positive et froide, n'est pas *amusante*, disons le mot, pour le grand nombre. Elle ne contient plus rien qui flatte la vanité; en France, nous montons à cheval, moins avec le goût réel des chevaux, comme les Anglais et les Allemands, que pour le désir de paraître. Il faut que notre amour-propre soit intéressé dans l'affaire; si c'est simplement une obligation, un devoir à remplir, nous restons froids; adieu l'art pour l'art. Il est plus agréable à un officier de produire de l'effet en paradant sans but sur un cheval ayant un peu d'élégance, que de chercher avec persistance à développer graduellement les allures d'un animal solide mais froid; ou de rendre souple et léger par des aides justes un vilain ragot à encolure courte, qui serait pourtant un bon cheval d'armes, s'il était mis. Néanmoins il y aurait ici un travail utile, instructif, le travail qui rend cavalier; quand on a dressé un certain nombre de chevaux, on s'aperçoit que c'est sur les plus médiocres qu'on a le plus acquis. Mais il y a là une série d'efforts obscurs qu'il faut entreprendre dans le manége du quartier, et de là dehors, au grand détriment des satisfactions d'amour-propre. Pourtant tout le monde ne peut pas avoir une monture de mille écus, — monter un cheval en course comme Fordham ou C. Pratt, — passer un obstacle comme le vieux Cassidy, — mettre un cheval d'école au passage comme Baucher. — Il faudrait se résigner à faire ce que l'on doit, et se décider à le bien faire. Eh bien, je le déclare, et je fais appel à l'opinion de tous les hommes compétents, l'officier — en état de se servir utilement de ses armes, à toutes les allures, sur un cheval franc mais vigoureux, — capable, tout en commandant sa troupe [1], de maintenir, en gardant une belle et solide assiette, son cheval à un pas délié, à un trot régulier et à un galop juste, — pouvant enfin, le sabre à la main, franchir carrément les obstacles abordables de tout genre, — celui-là est un cavalier d'un bon style, et on les compte dans tous les régiments.

Pour donner de l'intérêt aux études équestres et obtenir des cavaliers adroits et des chevaux endurcis, il ne s'agit pas d'inventer de nouveaux systèmes d'équitation, — il y en a déjà assez, — ni de promettre, comme M. Baucher n'a pas craint de le faire, de mettre un homme de recrue à cheval en six semaines, sur lesquelles « quinze jours (trente leçons) seront consacrés au pas, au trot et même au galop ».

[1] De l'officier qui commande à cheval, j'exige qu'il soit cavalier dans toute l'acception du mot, non pas un cavalier de boulevard, qui se transporte le dimanche d'un point à un autre sur une route bien unie, mais un cavalier de campagne qui conduit avec confiance son cheval en tout lieu, et sait en obtenir les plus grands efforts, sans courir risque d'entreprendre avec lui une lutte d'une issue douteuse. Un officier qui devant sa troupe est obligé de s'occuper de son cheval plutôt que de ses hommes, produit l'effet le plus déplorable et perd infailliblement la confiance de sa troupe. (*Die Schaden der Organisation der Preussischen Artillerie, von einen Artilleristen*. Leipzig, 1871.)

Après quoi, le cavalier (ce même cavalier!) « commencera l'éducation du cheval en suivant » la progression que j'ai indiquée et que l'on » retrouvera ci-après. On fera comprendre à » l'élève tout ce qu'elle a de rationnel, et par » quelle liaison intime se suivent dans leurs » rapports l'éducation de l'homme et celle du » cheval ». — C'est-à-dire, que ne sachant rien ni l'un ni l'autre, ils réussiront à s'instruire réciproquement.

« Au bout de quatre mois à peine, le cavalier » pourra passer à l'école de peloton; les com» mandements ne seront plus qu'une affaire de » mémoire; il lui suffira d'entendre pour exécu» ter, car il sera maître de son cheval. J'espère » que la cavalerie comprendra (comme elle a » déjà compris mon mode d'éducation du cheval) » tout l'avantage des moyens que j'indique pour » tirer le plus large parti possible du peu de » temps que chaque soldat reste sous les dra» peaux.

» J'ai également la conviction que l'emploi de » ces moyens rendra prompte et *parfaite* l'in» struction des hommes et des chevaux.

» RÉSUMÉ ET PROGRESSION.

	Jours.	Leçons.
» 1° Flexion des reins pour servir à l'extension du buste. . .	4	8
» 2° Rotation, extension des cuisses et flexion des jambes. .	4	8
» 3° Exercice général et successif de toutes les parties.	8	14
» 4° Déplacement du tronc, exercice des genoux et des bras avec des poids dans les mains.	14	30
» 5° Position du cavalier sur le cheval au pas, au trot et au galop, pour façonner et fixer l'assiette à ces différentes allures.	15	30
» 6° Éducation du cheval par le cavalier.	75	150
	120	240

J'ai cité ce passage de la méthode Baucher (9ᵉ édition, 1850, pages 135 et 136) pour montrer à quelles conséquences irréalisables conduisent les idées absolues en matière d'art, lorsqu'on veut les formuler sous forme de théorèmes démontrés.

Cette éducation du cheval par un cavalier quelconque (avec quelques modifications de détail) a fait l'objet d'une brochure publiée en Angleterre par un officier, M. L. E. Nolan[1]; elle n'y fait aucunement autorité, et c'est avec raison, suivant nous. En France, les divers essais de ce système, avec une progression identique, ont été pratiqués en 1842 à Lunéville, à Paris, et en 1843 à Saumur; ils n'ont pas abouti à en généraliser l'emploi. « Ma méthode est une et ne saurait être tronquée », a dit Baucher, se plaçant naturellement au point de vue du travail spécial de haute école pour lequel il a toujours merveilleusement dressé et monté ses chevaux, et non au point de vue des services divers exigés du cheval, et demandant des procédés d'équitation différents, parfois même opposés.

Son système, depuis le point de départ (l'assouplissement complet) jusqu'au point d'arrivée (le rassembler), le conduit logiquement d'abord

[1] Nous croyons devoir reproduire ici l'analyse que nous avons faite de cet ouvrage dans un récent article bibliographique; elle complétera les réflexions qui précèdent.

au piaffer[1], qu'il ne peut s'empêcher d'appeler le *nec plus ultrà* de l'équitation, et enfin à seize airs de manége nouveaux desquels il a raison d'être fier, car il les a exécutés avec une perfection qui n'a jamais été atteinte par aucun écuyer.

Mais vouloir que ce système satisfasse aux besoins de l'équitation de guerre actuelle, qu'il aboutisse à porter les chevaux franchement en avant, à leur donner un bon appui sur la main, avec une certaine fixité d'encolure, à étendre leurs allures sans recourir à des effets de jambes excessifs, c'est demander l'impossible.

L'assouplissement complet de l'animal dans toutes ses parties est indispensable pour exiger les mouvements les plus compliqués dans un espace restreint; il faut qu'il devienne pour ainsi dire « en caoutchouc » : c'est logique et nécessaire; mais quand il aura été amené à ce point, quel tact et quelle finesse seront indispensables pour obtenir les mouvements auxquels ont été préparés tous les ressorts de la machine! Quel gâchis, quelles défenses, quels

[1] Baucher, *Méthode*, 9e édition, 1850. — *Dictionnaire*, 2e édition, 1851.

désordres, quand un singe imprudent voudra toucher au rasoir du maître!

M. Nolan a beau dire, ce n'est pas en huit jours de leçons en bridon qu'on apprend aux jeunes chevaux à trotter franchement (page 10). Encore est-il obligé d'avouer que cette utile leçon ne fait point partie du système de M. Baucher, lequel a beaucoup médit du bridon, et bien à tort[1]. — Pendant les sept jours qui suivent, au moment où l'animal va commencer à prendre sur le bridon l'appui léger nécessaire à la franchise des allures, on le bride, et les flexions systématiques sont exécutées, jusqu'à ce que le cheval baisse le nez et mâche son mors, c'est-à-dire cesse d'appuyer sur la main. Il n'est pas étonnant qu'il faille dès lors, avec un grand nombre de ces chevaux qui s'encapuchonnent et ne veulent plus s'appuyer sur le mors, des effets de jambes considérables pour empêcher l'acculement et les forcer à donner dans la main. Aussi après la seconde leçon de sept jours, consacrée à des cercles sur les hanches, on commence dès la troisième leçon (de sept jours) *la mise en main avec l'éperon*, dans

[1] Voir le *Dictionnaire d'équitation*, 1851.

laquelle, « quand on applique l'éperon, le cheval étant en mouvement, on doit l'arrêter pour le calmer (page 32) ». Et voilà un travail exigeant un homme de cheval habile et fin, prescrit aux hommes de troupe montant *des jeunes chevaux!* et cela, au commandement « Éperonnez! » auquel ils obéiront nécessairement, que le moment soit propice ou non : cela n'est pas sérieux.

Dans cette même leçon qui dure le nombre fatidique de sept jours, on passe au trot, puis au galop; d'abord le galop à droite, puis à gauche, et enfin, dit l'auteur, « apprenez-lui à changer de pied (page 27). Quand le cheval est assez bien dressé, quand il est assez soumis à la main et aux jambes pour ne faire aucun mouvement sans votre volonté, toutes ses forces sont à votre disposition; vous pouvez porter son poids alternativement sur chaque membre et *changer de pied à chaque foulée.* Tout le secret pour cela, c'est d'enlever le poids du cheval de la jambe dont vous voulez qu'il parte. « C'est le seul moyen établi sur les principes et le bon sens. Mettez-vous vous-même à quatre pattes, portez votre poids sur la main et la jambe gauches, puis essayez de vous porter en avant, et vous verrez alors que vous serez obligé d'avancer la main et la jambe droites. » C'est bien simple en effet; mais M. Nolan n'ignore pas assurément qu'en Angleterre comme en France, il n'y a pas un cavalier sur mille, — y compris le professorat, — en état de dresser un cheval aux changements de pied à chaque foulée de galop. Sur ce point nous ne redoutons pas la contradiction. Baucher, qui affirme avoir inventé cet air de manége, et qui l'exécutait magistralement avec son talent admirable, ne juge point à propos de se mettre à quatre pattes pour aider à la démonstration de ce mouvement difficile; il se contente de dire : Quant aux moyens à employer, un folliculaire pourrait remplir inutilement plusieurs pages sans rien dire; mais moi, j'ai trop peu l'habitude d'écrire pour vouloir expliquer ce qui est inexplicable; je dois m'en rapporter au sentiment et au tact du cavalier. (*Dictionnaire d'équitation.*)

Après une quatrième et une cinquième leçon durant à elles deux douze jours, et pendant lesquelles on abuse du reculer, surtout avec de jeunes chevaux de remonte, arrive une septième et dernière leçon de quinze jours (page 31) prescrivant de « perfectionner les chevaux dans les leçons précédentes, — changer de pied au galop, — habituer les chevaux aux bruits de guerre, — sauts d'obstacles, — course des têtes, etc. Et le cheval est dressé en deux mois à toutes ces choses ; l'auteur a même le soin d'ajouter (page 32) : « Le temps que j'indique est suffisant pour dresser tout cheval qui n'a pas été complétement abîmé par un mauvais dressage. »

Nous plaçant au point de vue d'une pratique réellement généralisable, nous dirons que nous ne croyons pas qu'un cavalier ordinaire puisse en deux mois obtenir d'un cheval de remonte le dressage dont la progression est indiquée par M. Nolan ; même en admettant que ce système de dressage convienne aux chevaux de guerre, ce qui est contraire à notre sentiment, nous pensons qu'un homme du métier, très-adroit, aurait beaucoup de mal à arriver au résultat dans le temps voulu. Nous croyons fermement que la précipitation dans l'éducation des chevaux de remonte confiés à des hommes dont l'habileté est très-contestable, est une source de tares et de défenses obstinées.

C'est du reste une prétention dont le temps fait bonne justice, mais qui a dans notre pays le privilége de jeter de la poudre aux yeux. Qui ne se rappelle le petit scandale donné à Saumur, par ordre supérieur, en 1857? On vit une grosse dame qui avait les poches bourrées de morceaux de carottes, et qu'on appelait, je crois, madame Isabelle, enseigner *le dressage par le surfaix-cavalier des chevaux de cavalerie, d'attelage et de course,* en *six et douze leçons.* Elle publia *sa nouvelle méthode, approuvée et* ACHETÉE *par le ministre de la guerre pour être mise en usage dans toutes les écoles de dressage de l'armée; adoptée par S. M. l'Empereur de Russie, pour être mise en usage dans toute la cavalerie de l'armée russe.* Les Russes sont d'une galanterie bien connue.

Revenons à M. Nolan. On remarquera que, pour le saut des obstacles, obligé d'abandonner la méthode Baucher qui donne sur ce point des préceptes impraticables, il en revient aux vieux errements, et à l'usage exclusif du filet (page 32), avec lequel on ne gêne pas les chevaux, tandis que neuf fois sur dix le mors les empêche de sauter; et il ajoute : « Très-peu de nos officiers de cavalerie seraient arrêtés par une haie, mais ils le doivent moins aux leçons de manége qu'à l'habitude de courir le pays à cheval. » Voilà une bonne vérité.

Quand on a lu cette brochure que le colonel Savin de Larclause a traduite en français, on retrouve avec une vive satisfaction les bases de l'instruction de notre règlement actuel (1871); il a emprunté à la méthode Baucher quelques-unes des flexions à pied « ayant pour but d'initier le cheval aux effets du mors », mais il veut que le cheval « réponde aux rênes sans que le soutien de l'encolure soit diminué. Il est au contraire essentiel qu'elle reste assez ferme pour obtenir facilement les changements de direction, assez haute pour couvrir le cavalier, permettre une démarche aisée et faciliter les sauts d'obstacles ». Il définit l'emploi de l'éperon tel qu'il convient au cavalier militaire, « le moyen le plus énergique pour provoquer le mouvement en avant. »

Les écuyers militaires de tous les pays savent depuis longtemps qu'il y a grand danger à essayer avec des chevaux de remonte et des cavaliers en général peu expérimentés, des procédés d'équitation contentifs, pouvant amener chez le cheval l'incertitude ou la défense, et chez l'homme des brutalités ou des prétentions extravagantes.

En Angleterre, les jeunes chevaux de remonte, fortement nourris dans les fermes, ont, comme on dit, la tête près du bonnet à leur arrivée dans les écuries régimentaires. L'ordonnance prescrit que le dressage commence par le caveçon, la longe et l'homme de bois (*the cross*); la plus grande importance y est donnée à la leçon du montoir. Quant à la progression, elle se rapproche beaucoup de la nôtre et des théories allemandes, qui sont en somme basées, à quelques détails près, sur les principes de l'école de Versailles perpétués par le comte d'Aure, mais appliqués avec plus de soin et de persévérance que dans notre pays.

En somme, il est à désirer que le travail à cheval dans les escadrons se fasse le plus souvent possible comme si la guerre existait en réalité. Il est urgent de pratiquer quotidiennement l'art équestre, dans lequel, comme dans tous les arts de sentiment, la théorie est courte et la pratique prépondérante. En équitation, les préceptes généraux se résument en quelques mots : rechercher une tenue solide et aisée; — pousser le cheval en avant avec les jambes, le retenir ou l'arrêter et le diriger avec la main; — accorder ces deux aides d'après la nature du mouvement exigé, et suivant son étendue, sa vitesse et sa légèreté; — ne demander au cheval que ce qu'il peut faire. Ces quelques mots, qui représentent toute l'équitation, comprennent des années de pratique.

« Je me souviens qu'un des premiers seigneurs de France conduisant son fils chez M. Duplessis, qui était alors à la tête de tous les célèbres écuyers que j'ai nommés, je me souviens, dis-je, que ce seigneur lui dit en l'abordant : Je ne vous amène pas mon fils pour en faire un écuyer, mais je vous prie seulement de vouloir bien lui enseigner à bien accorder ses jambes et ses mains avec la pensée de ce qu'il voudra faire faire à son cheval. M. Duplessis lui répondit devant moi, qui avais l'honneur d'être alors un de ses disciples : Monseigneur, il y a environ soixante ans que je travaille pour apprendre ce que vous me faites l'honneur de me dire : et vous me demandez là précisément tout ce que j'ambitionne de savoir. » (Gaspard de Saunier.)

Une fois bien *débourrés*, c'est-à-dire habitués à porter l'homme docilement, les chevaux doivent être montés suivant le but auquel on les destine : montez le cheval de course sur les pistes d'entraînement, celui de chasse derrière les chiens, celui de haute école (s'il en reste encore) au manége, et celui de guerre, non-seulement sur le terrain de manœuvres et sur la route, mais souvent en pleine campagne, de jour ou de nuit, dans la boue ou sur des pierres, puisque c'est ainsi que vous le monterez devant l'ennemi. Quant à celui de promenade, montez-le où vous voudrez, c'est affaire de fantaisie.

Tout ceci ne veut point dire de négliger les enseignements des maîtres et de monter les chevaux à l'aventure, *quand il s'agit de leur dressage*. En se servant du manége chaque fois qu'on le peut, on va plus vite et plus sûrement, on n'est pas distrait, le cheval non plus. On obtient avec plus de certitude cette docilité à toute épreuve nécessaire au cheval d'armes, dont les défenses inopinées peuvent compromettre en un instant la vie et l'honneur du cavalier militaire. Mais, quand il obéit complétement, il est nécessaire de le monter sur tous les terrains, à toute heure et quelquefois dans l'obscurité, à jeun et après le repas, isolé et avec d'autres, au milieu du bruit et dans la solitude, par le froid et par la chaleur. Autrement, il pourra devenir un hack agréable, mais il ne sera pas un vrai cheval de guerre.

Nous avons toujours la crainte d'user nos chevaux, et nous n'osons pas nous en servir. L'équitation « en théorie » est aussi stérile pour l'homme que le long séjour à l'écurie est nuisible au cheval. Peut-on trouver des animaux plus assouplis, plus dociles et plus endurcis à la fatigue que ceux des Arabes? Et Dieu sait s'ils s'en servent; ils ont en équitation des préceptes succincts, mais ils y joignent l'horreur d'aller à pied, et ils se font gloire des exostoses que l'œil de l'étrier longtemps porté occasionne à leurs tibias. Nos chevaux s'étiolent dans les quartiers, où la vie sédentaire les engraisse plus que la ration, et où des pansages trop répétés leur lustrent le poil moins bien que ne ferait l'exercice. S'ils étaient plus souvent dehors, nous perdrions moins de temps à discuter sur l'exposition, la ventilation, l'aération, l'assainissement des écuries, qui sont pour la plupart excellentes et plus saines que celles de l'industrie, des services publics et même du luxe. Néanmoins elles donnent lieu à des volumes de dissertations hygiéniques qui n'empêchent pas les chevaux en route ou baraqués de se porter très-bien en couchant dans des taudis. Nos chevaux de guerre sont oisifs et douillets, et il y a longtemps. On ne saurait trop insister sur ce point, et citer trop largement l'opinion des généraux de cavalerie qui font autorité dans l'Europe entière. Tous ont protesté contre la vie molle et sédentaire de la cavalerie en temps de paix.

Le fameux Seydlitz, ce général qui éleva, suivant l'expression de Frédéric II, la cavalerie prussienne tout près de la perfection, avait été nommé, après la paix de 1763, inspecteur général de la cavalerie de Silésie[1]. Fixé à Ohlau, où fut envoyé l'état-major et un escadron du régiment de cuirassiers dont il était propriétaire, il recommença pour ainsi dire sa carrière militaire, s'occupant personnellement, malgré l'importance de ses fonctions, de son régiment de manière à le tenir toujours prêt à marcher. « Le Roi, disait-il dans un de ses ordres, veut » qu'aucun cheval bien portant ne reste deux » jours de suite à l'écurie. C'est le moyen de » rendre le cavalier plus habile à manier son » cheval et ses armes. J'invite tous les officiers

[1] Nous empruntons les détails qui suivent à la *Vie de Seydlitz*, traduite de l'allemand par le colonel Savin de Larclause. Paris, 1869. — La lecture de cet intéressant ouvrage ne saurait être trop recommandée.

» supérieurs à surveiller cette disposition dans » le régiment, afin que les progrès y soient in- » cessants et que je ne voie plus de jeunes offi- » ciers aussi maladroits aux évolutions. »

Et pourtant le régiment qui lui appartenait pouvait servir de modèle à tous les autres. Les officiers et les simples soldats montaient tous à cheval de la même manière, et d'après son exemple et ses principes, avec la plus grande hardiesse et beaucoup de solidité. Dans les mouvements les plus rapides, chaque cavalier, comme l'escadron entier, devait être maître de lui pour obéir au commandement avec la promptitude de l'éclair. L'audace du cavalier allait jusqu'à la témérité. On ne devait pas songer aux accidents.

Les jeunes gens des premières familles sollicitaient l'honneur d'être admis dans le régiment de Seydlitz, et le nombre des places étant limité, beaucoup d'entre eux se contentaient d'y servir comme volontaires. Ces jeunes gentilshommes, richement équipés, pleins de zèle et d'ardeur, rivalisaient dans les exercices équestres. Tous les exercices hardis que Seydlitz exigeait de ses cavaliers, il les exécutait lui-même; selon lui, aucun danger ne devait arrêter un cavalier; il fallait le vaincre et jamais l'éviter. Les accidents s'accumulaient, mais Seydlitz n'y faisait aucune attention et les regardait comme un sacrifice que la guerre impose à la paix. Un jour le Roi lui dit : « Comment se fait-il, Seydlitz, que tant de gens se cassent le cou dans votre régiment? — Votre Majesté n'a qu'à ordonner, répondit le général, et cela n'arrivera plus; mais je ne serai pas coupable si le régiment ne fait pas son devoir devant l'ennemi. »

La femme du ministre de Schlabrendorf lui exprimait ses craintes qu'il n'arrivât malheur à son fils dans les exercices, dont elle entendait parler avec épouvante. « Votre Excellence peut être tranquille, lui dit Seydlitz, un cornette est comme un chat, on peut le jeter du haut d'une tour sans qu'il se fasse aucun mal. »

Le lieutenant de Frédéric n'y allait pas de main morte, et il faut convenir que, sous ses ordres, il pouvait être dangereux de négliger la pratique de l'équitation.

Un compagnon d'armes de Seydlitz, le général de Warnery, dont les écrits, remplis d'ailleurs d'appréciations injustes et de mauvaise foi à l'égard de la France, font encore autorité en Allemagne, parce qu'ils contiennent un fonds de vérités pratiques dont le temps confirme l'évidence, dit dans ses *Remarques sur la cavalerie :* « L'escadron doit souvent faire l'exercice sans selle, ou au moins manœuvrer pendant une demi-heure; cela est absolument nécessaire pour tenir les chevaux en haleine et les endurcir. Il en est d'eux comme des coureurs; si on ne leur donne de l'exercice, ils sont bientôt hors d'état de faire leur devoir lorsqu'on le demande.

» Il y a peu de chevaux auxquels on ne puisse apprendre à courir; quand nous en avons acheté de ceux que nos hussards avaient pris aux ennemis, nous les donnions pour la plupart dans la remonte : au commencement ceux qui les recevaient n'en étaient pas contents, mais après avoir senti l'éperon pendant quelques semaines, ils couraient aussi vite que les autres.

Quand l'escadron monte à cheval, il saute un jour les fossés, les cloisons, les perches mises en travers, etc.; un autre, les soldats courent deux à deux à bride abattue, tâchant de se devancer et de s'enlever le chapeau; on passe des eaux à la nage, on manœuvre dans des terrains coupés, on grimpe sur des hauteurs, on les descend, on fait des attaques sur un seul rang, on traverse des chemins creux, des villages, des défilés, etc. — Il faut beaucoup trotter pour apprendre au soldat à se tenir bien ferme à cheval, et ne pas retomber sur la selle à chaque mouvement; il doit monter plus court que dans les académies, c'est-à-dire avec des étriers moins longs, parce qu'il faut qu'il puisse s'élever à quatre doigts au-dessus de la selle. On a des blancs (*scheibe*) auxquels on tire avec les pistolets, au pas, au trot, au grand galop, et même en sautant par-dessus une perche mise en travers. Si l'escadron trouve devant soi un fossé, les deux derniers rangs, si on est sur trois, s'arrêtent sur-le-champ, et le premier le franchit en criant *hop*, et consécutivement les autres; les chevaux, à force d'être accoutumés à ce cri, manquent rarement lorsqu'ils l'entendent. »

Citons enfin Bohan, qui s'écrie : « Eh quoi! » le cheval, si fort, si vigoureux, n'est en état de » faire, par l'éducation que nous lui donnons, » que la journée d'un homme à pied! Est-ce là » tirer tout l'avantage possible de notre cava- » lerie?

» La première nation qui bravera le préjugé

» qu'il faut laisser sa cavalerie à l'écurie, et » avoir des chevaux gras ; les premiers régi- » ments qui oseront sortir tous les jours, et » *doubler* leur travail, auront bien de l'avantage » sur les autres. »

Ces quelques lignes de Bohan résument toute la question. Vraies quand il les écrivait, elles sont vraies aujourd'hui, et malheureusement peut-être elles le seront encore trop longtemps dans notre pays.

Nos théories et nos règlements sont excellents, l'enseignement de Saumur est dirigé avec une très-grande compétence, les dissertations sur les différentes questions équestres abondent, nous n'ignorons rien de ce que nous devrions pratiquer, mais nous n'aimons pas le cheval. Répétons loyalement, et sans nous en faire accroire, que le goût des chevaux n'est national ni dans le pays, ni dans l'armée : nous les produisons médiocres et laids; nous les élevons maigrement et avec insouciance; nous les montons peu et mal : peu, parce que leur manque d'élégance et l'indifférence du public n'offrent pas à notre amour-propre les satisfactions qu'il réclame; et mal, parce qu'il faudrait beaucoup travailler pour les monter bien. Ceci posé, —

tout en honorant les exceptions à des généralités pour lesquelles nous ne croyons pas être contredit, — nous nous permettrons de dire que l'étude sérieuse du cheval et de l'équitation est pour le cavalier militaire, non plus une affaire de goût et de plaisir, mais le premier et le plus impérieux des devoirs; la conclusion est facile. Qui sait, d'ailleurs, si, de l'accomplissement de ce devoir, ne naîtront pas, comme une sorte de récompense, les goûts hippiques qui nous manquent?

Nous ne sommes pas seul de notre avis, et dans le *Bulletin de la Réunion des officiers* (n° du 22 juin 1872), nous trouvons ce passage : « Quels sont les officiers qui montent à cheval? Quelques sous-lieutenants dont la jeunesse est heureuse d'échapper au travail académique pour courir en liberté dans la campagne; mais déjà les capitaines sont blasés sur ce plaisir, et les officiers supérieurs le plus souvent ne montent que pour le service, se bornant pendant la majeure partie de l'année à surveiller au pas l'instruction que dirigent les officiers subalternes. Chez nos ennemis, au contraire, tout officier est tenu d'avoir plusieurs chevaux et de les employer lui-même. Les lieutenants et sous-lieutenants en ont deux : ils en achètent un et reçoivent de l'État le deuxième, qui devient leur propriété au bout de cinq ans.

» De cette façon, ils ne doivent jamais se borner au travail militaire, et la manœuvre finie, ils doivent encore promener et exercer leur deuxième cheval. Les capitaines ont le devoir d'y tenir la main, mais l'émulation qui règne à ce sujet entre leurs subordonnés rend inutile le rôle de surveillance que leur attribuent les règlements.

» L'équitation est, entre officiers de cavalerie, l'objet d'un véritable point d'honneur. Nous pourrions citer le nom d'un jeune lieutenant de hussards qui dernièrement s'est estropié et mourra peut-être, pour avoir monté dans un carrousel un cheval notoirement incapable d'en exécuter les figures ; s'il eût changé, ses camarades se fussent moqués de lui, et sa position dans son régiment eût été des plus difficiles. *Tout le temps laissé libre par le service est donc consacré à l'équitation*, et la satisfaction d'avoir un beau cheval et de bien le présenter est pour beaucoup dans la peine et le soin que les officiers apportent à son dressage.

» Du reste, rien n'est négligé pour entretenir

ce sentiment; les fêtes équestres sont fréquentes, et toujours très-brillantes. Le souverain, les princes y assistent le plus souvent, et une approbation de leur part est la plus précieuse des récompenses dans ce pays autoritaire. Les femmes, les jeunes filles de la société montent toutes et montent bien ; elles accompagnent les promenades de leurs maris, de leurs fiancés, de leurs amis, qui trouvent dans le charme de leur société et dans le désir d'être approuvés par elles un stimulant nouveau; enfin les courses les plus suivies à Berlin sont les courses militaires, et cette préférence est pleinement justifiée par l'habileté qu'y déploient les officiers de cavalerie.

» Nous n'hésitons pas à voir dans la faveur dont l'équitation est l'objet en Prusse la cause fondamentale de la hardiesse dont nos ennemis ont fait preuve comme éclaireurs. Ils étaient assez familiarisés avec l'équitation pour ne redouter aucun terrain, aucune allure, aucun obstacle, et, libres de toute préoccupation, pouvaient consacrer toute leur attention à la surveillance dont ils étaient chargés. »

Les Arabes, les Anglais et les Allemands sont

les trois peuples chez lesquels il y a le plus de cavaliers; aussi les chevaux y sont nombreux, pleins de qualités, et l'équitation bien adaptée aux mœurs, aux habitudes et aux besoins de la nation. Ce sera toujours vrai.

Pour l'Arabe, le cheval est une nécessité; l'Arabe n'a d'autre profession que celle de « vivre de ses éperons ». Dans sa belle étude sur les chevaux du Sahara, le général Daumas dit avec raison que chez un peuple pasteur et nomade, qui rayonne sur de vastes pâturages, et dont la population n'est pas en rapport avec l'étendue de son territoire, le cheval est une nécessité de la vie. Avec son cheval, l'Arabe commerce et voyage, il surveille ses nombreux troupeaux, il brille aux combats, aux noces, aux fêtes de ses marabouts; il fait l'amour, il fait la guerre; l'espace n'est plus rien pour lui. Aussi les Arabes se livrent avec passion à l'élève des chevaux; ils savent ce que vaut le sang, ils soignent leurs croisements, ils améliorent leurs espèces. L'amour du cheval est passé dans le sang arabe. Les poulains sont élevés auprès de la tente, absolument comme de jeunes chiens; aussi ils en acquièrent l'intelligence, la hardiesse et la docilité. L'équitation devient dès lors facile, et n'a d'autres enseignements que ceux de la pratique, des traditions et de l'exemple. Chacun fait l'éducation de son cheval en imitant les plus habiles de la tribu, comme chez nous le chasseur dresse son chien à sa guise, non-seulement dans la plaine, mais en vivant avec lui, pour ainsi dire, du matin au soir. Du reste, au désert, le nom de *cavalier* ne s'acquiert qu'après de grandes preuves d'habileté, bien que tous montent à cheval. « Pour être réputé » tel, il ne suffit pas de savoir conduire un che- » val sur des surfaces unies ; il faut, le fusil à la » main, pouvoir tirer parti d'un cheval aux » allures vives, dans un pays accidenté, boisé, » difficile enfin. Un tel, disent-ils, c'est *un ca-* » *valier du fusil;* mais un tel n'est qu'*un cava-* » *lier du talon*. Le seul parfait est donc celui » qui réunit le fusil et le talon. Ils vont même » jusqu'à établir une différence entre celui qui » monte bien un cheval sur un terrain sec et ce- » lui qui le mène hardiment sur un terrain glis- » sant. Il y a pour eux le cavalier d'été, et le » cavalier d'hiver. »

Les Anglais envisagent les chevaux à un tout autre point de vue ; ils les aiment pour les avantages qu'ils présentent au commerce, au jeu, à la locomotion rapide, et à la satisfaction de l'orgueil national. Donc, produire les meilleurs chevaux du monde afin de les vendre avantageusement, et pour cela connaître à fond la science des accouplements et surtout les ressources hygiéniques du bon élevage; faire le cheval de pur sang non-seulement parce qu'il est le meilleur des reproducteurs, mais parce qu'il offre, par les courses, le plus grand aliment possible à la passion du jeu; produire un cheval de service dont les allures développées abrégent le temps des parcours, voilà le but.

Par suite, les Anglais ont une équitation spéciale de courses, de steeple-chases et de chasse (car leurs chasses sont à vrai dire des courses d'obstacles); cette équitation est très-savante, et ils n'ont point encore trouvé de rivaux dans l'Europe, qui est sur ce point leur tributaire en hommes et en chevaux. En dehors de cela, monter à cheval consiste pour eux à choisir la position et les aides les plus commodes pour se transporter sans fatigue d'un point à un autre en développant à un bon train les allures d'un hack qui va droit devant lui, tirant souvent comme un enragé. D'équitation militaire, ils n'en ont point, et leur cavalerie suit les méthodes allemandes; les chevaux montés avec les procédés anglais sont insupportables dans le rang, et surtout hors du rang. Aussi distinguent-ils deux sortes d'équitation, l'équitation militaire et l'équitation civile; ils paraissent assez dédaigneux de la première, et ils ont tort; car ceux d'entre les officiers anglais qui, après avoir monté d'une façon instinctive mais toujours hardie et entreprenante, dans leur enfance, les poneys du Shetland, plus tard des hacks vigoureux et très-près du sang, puis enfin, dans les bons pays de chasse, des hunters à la queue des chiens; qui, après être ainsi devenus d'une solidité et d'une confiance à toute épreuve, se mettent à étudier, avec une tenue correcte, les principes d'une équitation raisonnée, deviennent des cavaliers incomparables. Nous avons en France un exemple éclatant du cavalier anglais devenu complet par cette double science, c'est M. Mackenzie-Grièves, un cavalier de steeple-chase, placé à cheval comme un gentilhomme[1], et non comme un groom, et pouvant aussi bien monter dans une course d'obstacles,

[1] Je ne dis pas *gentleman*, car c'est loin d'être synonyme; trop de *gentlemen* à cheval s'efforcent aujourd'hui de ressembler à leurs cochers.

que briller dans un carrousel ou exécuter un travail académique. Voilà pour nous un cavalier type.

J'ai plusieurs fois, pendant ce qu'on appelle à Londres *la saison*, examiné attentivement les cavaliers les plus à la mode de Rotten-Row; leur position et leur manière de mener leurs chevaux m'ont confirmé dans ce sentiment qu'en dehors des courses et des chasses qui ont leurs règles équestres parfaitement définies et merveilleusement appliquées, l'équitation nationale usuelle se résume uniquement à conduire les chevaux droit devant eux, et le plus vite possible. Cela peut être amusant, en tout cas c'est très-pratique et conforme à l'adage *Time is money;* mais on ne peut établir l'instruction militaire sur des bases aussi exclusivement sportives, et les Anglais ont sagement fait, pour leur cavalerie, d'adopter les méthodes allemandes. On ne pourrait concevoir une troupe à cheval manœuvrant d'après les préceptes qui ont cours dans l'équitation civile anglaise. Nous en empruntons quelques-uns à l'ouvrage *British rural Sports* (1856), traduit par le colonel de Lagondie. Citons, par exemple, ce qui est relatif au trot et au galop :

« Pour faire partir un cheval au trot, prenez les rênes de bridon et sentez la bouche avec fermeté et justesse, penchez-vous légèrement en avant, pressez les jambes contre les flancs du cheval et faites l'appel de langue, qui en toute occasion sert à encourager le cheval. Si le cheval est bien dressé, il se mettra tout de suite au trot; mais s'il part au galop, il faut le retenir et le mettre au pas ou au tout petit trot de curé. Il y a des chevaux qui peuvent prendre un galop raccourci aussi lent que le pas; dans ce cas il est difficile de les passer au trot, car aucun arrêt, s'il n'est pas définitif, ne peut empêcher ce galop. Dans cette occasion l'on réussira souvent en saisissant une oreille, ce qui fait baisser la tête, mouvement qui gêne le galop, et amène ordinairement le trot. » Disons en passant, que cette ficelle bien connue réussit presque toujours... la première fois. Mais il ne faut pas recommencer souvent avec les chevaux tant soit peu malins, parce qu'ils se méfient, et essayent, par des mouvements de tête qui augmentent le désordre, d'empêcher le cavalier de leur prendre l'oreille, ou s'efforcent de la dégager lorsqu'il l'a saisie.

» Pour partir au galop cadencé sur une jambe

ou sur l'autre, il faut tirer la rêne opposée et presser le talon du même côté. La raison en est assez évidente; tout cheval partant au galop *canter* (et plusieurs fois dans le courant du galop) se met un peu de côté sur sa ligne de progression, afin de pouvoir mettre en avant la jambe sur laquelle il galope. Supposons un cheval qui va galoper sur le pied droit antérieur, il tourne la tête à gauche et la croupe à droite et se trouve fort à l'aise pour avoir en avant la jambe droite hors montoir et la jambe gauche en arrière. Pour le forcer de continuer cette allure, il suffit de le tourner de la même façon en portant la tête à gauche et le touchant du talon gauche, après quoi on le fait galoper en l'excitant de la voix et du fouet, tout en le contenant avec la bride. Quand une fois cette direction est donnée, la tenue de la bride et la pression des jambes peuvent rester constantes, mais si pendant le canter (galop) l'on veut changer la jambe directrice, le cheval doit être rassemblé par l'action du mors et de la voix, et l'on change l'action de la rêne et la pression de la jambe de façon à tourner le cheval dans le sens opposé à celui de son départ ; il changera *généralement* (!) l'attitude de son galop, ce que l'on appelle changer de pied. » Il est inutile d'insister sur le côté militairement impraticable de cette équitation amusante, mais fantaisiste, nécessitant presque toujours l'emploi des deux mains, et s'aidant de la voix et de la cravache. Quiconque a vu des Anglais à cheval reconnaîtra que les préceptes cités reçoivent leur application dans la pratique. Pour mon compte, en 1867, voulant essayer à Watford, aux hunting-stables de M. W. Collins, marchand de chevaux de Londres, des chevaux *dressés*, je n'ai pu les rencontrer juste, comme on dit, qu'en les montant par les procédés primitifs dont il vient d'être parlé, procédés réservés d'ordinaire aux poulains que l'on commence à galoper.

Les Allemands et les Autrichiens ont depuis un temps immémorial le goût des chevaux ; ils en élèvent un grand nombre et ont singulièrement amélioré les espèces lourdes et lymphatiques qui se rencontraient surtout dans le Nord, à l'aide d'étalons orientaux et de chevaux de pur sang anglais. Ils vendent des chevaux à toute l'Europe, et même à l'Angleterre, qui leur achète des poulains pour les élever, les mettre en état de service à l'aide de son admirable science de la condition, et les revendre ensuite fort cher avec l'étiquette anglaise.

Si les Anglais savent, avec une supériorité indiscutée, appliquer au cheval les pratiques d'hygiène les plus propres à développer sa vigueur et par suite ses mouvements, les Allemands, à leur tour, s'occupent plus qu'aucun autre peuple du *moral* des chevaux; aussi une cause principale du succès de leur élevage, c'est la douceur pour ainsi dire héréditaire, et le dressage très-achevé de leurs produits. Les paysans d'Allemagne montent leurs jeunes chevaux : achetez-leur même des carrossiers, vous pouvez leur mettre une selle, et ils vous porteront sans se défendre; ce qui n'arrive pas à tous les chevaux de voiture anglais, et encore moins à la plupart des carrossiers normands, vendéens et poitevins primés chaque année au grand concours hippique de Paris.

Les Allemands montent les chevaux, non pour aller vite, comme les Anglais, mais pour la satisfaction d'en sentir les mouvements cadencés, pour le plaisir de les éduquer, et puis beaucoup par gloire, parce qu'ils en sont fiers; — ce sentiment est bien excusable, et il est trop rare dans notre pays ; — aussi, en apparence, tous, même les gens de la campagne, nous paraissent *poser* à cheval. Roides, aussi bien d'ailleurs sur une selle qu'à pied, méthodiques, tenaces et par conséquent armés de patience, ils mettent au dressage d'un cheval la gravité et le temps nécessaires, certains d'arriver au but, et la docilité de leurs montures est devenue proverbiale.

La tendance nationale est à l'équitation classique. Ils se soucient peu de la supervitesse, ils recherchent la régularité, le brillant et la légèreté des allures développées modérément, afin qu'en aucun cas le cheval ne puisse échapper à une domination absolue.

Civils ou militaires, ils tiennent à une posture constamment régulière, j'allais dire tendue, qui augmente chez eux la roideur originelle. Ils visent à des aides assez fines pour ne déranger sous aucun prétexte la position académique du cavalier; ils les veulent, suivant leur expression, « invisibles pour le spectateur ». On comprend que tout ceci les force à travailler énormément; aussi les écoles d'équitation sont-elles plus nombreuses et plus suivies en Allemagne que dans aucun autre pays.

Désagréables à voir à cause de leur aspect automatique, ils sont solides et fins. Leur finesse est d'autant plus grande qu'ils ne demandent rien à un cheval avant d'avoir acquis une tenue assez confirmée pour n'éprouver aucun déplacement de nature à forcer, en s'y mêlant, les effets des aides.

En Prusse, l'équitation militaire a presque tout emprunté à l'école de Versailles, dont les principes ont été arrangés systématiquement à l'allemande. Des écuyers éminents, auxquels les chefs actuels de la cavalerie prussienne doivent leur instruction équestre, M. Hunersdorf dans ses écrits, M. de Seidler dans son *Guide pour dresser le cheval de guerre*, ont, à l'exemple de M. d'Aure, dans son Cours professé à Saumur, éliminé entièrement les préceptes et les mouvements inutiles au cheval de guerre et n'ayant pour but que de parfaire l'éducation du cheval *académique*. C'est le nom qu'ils donnent aux chevaux d'école, les manéges étant souvent désignés sous le nom d'académies. Dès que l'homme est devenu cavalier, et que le cheval est docile et assoupli, l'école de campagne (exercices du manége) est terminée; alors commencent l'équitation en plein air et la progression hardie en avant, qu'ils appellent équitation de chasse.

Pour commencer (*anreiten*) les jeunes chevaux, ils se servent longtemps du bridon et des aides de la gaule ; un bon trot d'une vitesse moyenne est la première base du dressage ; on y ajoute le travail à la main, très-vulgarisé en Allemagne, soit avec le cavalier de bois, soit par les assouplissements des diverses parties du corps, surtout pour les chevaux jeunes, faibles, nerveux, ou contractés par le fait d'une construction défectueuse.

Quand vient la bride, ils enseignent que, si la position verticale de la tête est le but qu'on doit chercher à atteindre par le travail préparatoire du manége, *il ne sera permis dans aucun cas de forcer le cheval à cette position dans son libre emploi pour le service.*

Quant à la position plus ou moins élevée de la tête, elle dépendra toujours de la force ou de la faiblesse de l'arrière-main ; en relevant avec excès la tête et l'encolure, on risque d'écraser le dos et de ruiner les jarrets.

Le rassembler s'obtient par les procédés suivants, enseignés par M. de Seidler : lorsque l'avant-main est suffisamment assouplie et que l'arrière-main a obtenu de la souplesse par des exercices convenables et surtout par un reculer régulier, on place le cheval d'abord en équilibre de manière qu'il donne dans la main ; ensuite on l'engage, par une pression convenable des jambes, à avancer ses pieds postérieurs de manière qu'ils se chargent, *en proportion de la force des hanches*, d'une partie du poids de l'avant-main.

On se sert beaucoup du trot raccourci et cadencé, du reculer, du rassembler et des mouvements de deux pistes pour donner au cheval la flexibilité nécessaire pour prendre le galop avec facilité. Le piaffer est exclu de l'équitation militaire. D'après l'auteur cité plus haut, l'expérience a prouvé que le piaffer ne convient pas au cheval de troupe, car bien qu'il puisse être beau et utile pour le cheval d'école et pour les chevaux appartenant à des cavaliers doués d'un tact parfait, il est nuisible pour le cheval de guerre. — Les chevaux de troupe qui ont appris à piaffer ne restent pas tranquilles dans les rangs : aussitôt qu'ils se trouvent un peu serrés, ils commencent à piétiner.

Le cheval de guerre a besoin de deux genres de tenue (*haltung*) ; d'abord une sur l'arrière-main, pour les allures raccourcies, les changements de direction étroits et pour l'arrêt; puis une autre pour se tenir aux allures allongées et à la course (la charge). Pour les allures raccourcies, on peut donner au cheval une certaine obéissance de manége et une action relevée des épaules; mais cela ne suffira pas pour répondre à toutes les exigences du cavalier en plein air; ces dernières demandent un mouvement étendu des épaules.

Le travail de pied ferme est très-employé en Prusse. La théorie à l'usage de la cavalerie et les ouvrages de Hunersdorf et Seidler le prouvent aux parties qui traitent : « De la mise en » main, du relever, ramener et rassembler en » place, du reculer et des changements de di- » rection sur l'avant-main, le corps et l'arrière- » main du cheval » ; ces exercices réclament ordinairement le quart et quelquefois le tiers de la leçon ; le reste du temps est consacré aux mouvements étendus. « Le problème à résoudre, dit encore Seidler, n'est pas seulement de rendre le cheval d'armes obéissant, mais on doit encore fortifier ses muscles et ses poumons par un travail de manége proportionné à ses forces. Alors seulement le cheval n'éprouvera pas de difficultés à faire les exercices qu'on lui demandera plus tard sur le terrain de manœuvres. Les chevaux qui ne travaillent au manége qu'aux allures raccourcies, n'ont pas d'haleine; au service, ils deviennent faibles, et perdent leur appétit lorsqu'on les soumet à des exercices tels qu'ils sont en usage dans la cavalerie prussienne. »

Terminons ce rapide coup d'œil jeté sur l'équitation en Prusse par une remarque sur la manière allemande de tenir les rênes. Nous avons été souvent frappé de ce maniement simple, sûr et pratique de la bride et du filet. Au lieu de séparer les rênes de bride avec le petit doigt, on les sépare avec le quatrième ou annulaire. Le filet peut ne jamais être complétement lâché, ce qui évite les inconvénients du temps perdu et du maladroit mouvement des doigts, impossibles à éviter lorsqu'il faut le prendre dans les deux mains en suivant les indications de notre ordonnance. Il peut rester toujours dans la main gauche sans gêner en rien l'emploi de la bride; en effet, quand les rênes du filet sont tenues à deux mains, la rêne gauche s'appuie sur le petit doigt de la main gauche et est fixée sous le pouce, réunie aux deux rênes de bride, la rêne droite est tenue de la main droite avec trois doigts, le petit doigt en dehors. Lorsque l'emploi alternatif ou simultané du filet et de la bride n'est plus jugé nécessaire, il n'y a qu'à lâcher le filet de la main droite qui devient libre et pendante sur le côté, et à laisser couler légèrement les rênes du filet qui restent placées dans la main gauche. Elles s'y trouveront bien plus à portée de l'homme qu'en les laissant tomber abandonnées sur l'encolure du cheval.

Nous venons de retrouver dans l'équitation des Allemands la plupart des principes de notre belle école française; mais à l'étranger, leur application est faite avec des goûts équestres qui nous manquent, et un travail quotidien qui nous pèse; ils sont pratiqués méthodiquement, obstinément, et avec une égale émulation chez l'officier et le soldat. Dans un exercice du corps tel que l'équitation, les théories ne suffisent pas, même les meilleures. Pour devenir habile, il faut supporter gaiement la fatigue physique, et chaque jour la monotonie d'un travail en quelque sorte gymnastique, où l'on gagne plus de furoncles que de succès d'amour-propre.

Après tout ce que nous avons imprimé de judicieux depuis un siècle sur les haras, les remontes et l'art de l'équitation, nous devrions être les meilleurs cavaliers et les mieux montés de l'Europe ; en observant seulement la moitié des réglements qui nous encombrent, nous serions très-occupés ; mais je le répéterai à satiété, nous ne montons pas à cheval avec passion. Dans un vieil ouvrage hippique daté de 1773[1], on trouve déjà à cet égard une appréciation qui pourrait avoir été écrite hier : « Nous devons sans contredit rendre justice à la théorie des Français, et au raisonnement élégant avec lequel ils développent l'art de monter à cheval ; mais il s'en faut beaucoup qu'ils mettent eux-mêmes en exécution la précision et la justesse des principes qu'ils vantent avec prodigalité : je n'ai garde de comprendre sous cette expression les grands hommes de cheval que la France a eus, et qu'elle a encore, et dont je ne prononcerai le nom qu'avec cette vénération que la postérité doit à leurs lumières et à leurs talents. »

Un exemple : En 1862, on a publié une instruction très-détaillée sur le travail individuel

[1] L'*Art du manége*, par le baron de Sind.

dans la cavalerie. Pour en démontrer l'utilité, le ministre de la guerre, dans son rapport à l'Empereur, s'appuie sur des considérants d'une valeur incontestable : « Si au lieu de n'être qu'une partie de ce tout qu'on nomme escadron ou régiment, le cavalier est appelé, par son service ou par les éventualités de la guerre, à agir isolément ; s'il doit franchir des obstacles, se frayer un passage, lutter homme à homme, faire enfin non plus ce que lui commande la voix de son chef, mais ce que lui inspire le sentiment de sa force, de son intelligence et de son adresse ; si le cheval aussi, n'étant plus comme encadré dans le rang et entraîné par le mouvement des autres, ne reçoit plus que de son cavalier la direction et l'impulsion, il est très-évident qu'ils ne surmonteront ces difficultés qu'autant que des exercices spéciaux les y auront longuement préparés.

» Il faut donc au cavalier une instruction graduelle, persévérante, pratique, qui, développant l'essor de son initiative, lui apprenne à se servir utilement de ses armes, à manœuvrer son cheval isolément à toutes les allures, et dans tous les terrains ; il faut au cheval des exercices isolés, en libre carrière, qui développent son agilité, son adresse et le rendent un instrument énergique et docile dans la main qui le conduit. » Certes, voilà qui est parler ! — Suit un règlement, consciencieusement élaboré, imprimé après trois ans d'expériences faites dans divers régiments. — Il y a de cela douze ans ; depuis nous avons eu la guerre, ce terrible critérium des règlements et plus encore de la manière dont ils ont été exécutés !

Non, rien ne compense le temps passé à cheval ou auprès des chevaux ; rien ne remplace le travail acharné de la carrière, du manége, des manœuvres, et l'équitation incidentée des routes. Montons nos chevaux le plus souvent et le plus longtemps possible[1]. Dressons-les de-

[1] Ces conseils offrent, il est vrai, quelques dangers en présence de la circulaire peu encourageante du 10 mai 1872 dans laquelle le ministre constate que, depuis quelque temps, les demandes de chevaux d'officiers, en remplacement de montures réintégrées, se multiplient dans une proportion anormale. Il craint que la négligence des officiers ou l'ABUS QU'ILS FONT DE LEUR MONTURE, ne soient en grande partie la cause de sa mise hors de service. Cette crainte nous semble peu fondée ; le nombre des officiers qui usent de leurs chevaux est déjà si restreint, que ceux qui en abusent doivent être prodigieusement rares.

Il est dit aussi que les commandants de dépôts de remonte devront se montrer très-sévères dans l'appréciation des imputations à mettre à la charge des officiers qui demandent la réintégration de leurs chevaux. Les commandants de

dans, servons-nous d'eux dehors; nous serons des cavaliers complets, et eux, des chevaux de guerre toujours prêts. Cette idée n'est pas neuve, et un vieil auteur que j'ai déjà cité, le baron de Sind, disait en 1773 : « Vous trouverez une grande différence entre un cheval qui aura reçu les bons principes au manége, et celui qui n'aura pas eu cette instruction; tous les deux seront chevaux de chasse et de campagne

dépôts ne nous paraissent pas avoir à faire acte de sévérité, mais simplement acte de justice ; d'ailleurs, dans l'affaire, ils sont jusqu'à un certain point juges et parties.

On dit bien dans la circulaire que si le commandement doit, à ses divers degrés, exercer le contrôle nécessaire pour sauvegarder les intérêts de l'État, il est juste que l'administration s'efforce de ne livrer aux officiers que des chevaux aptes à un bon service. Il conviendrait d'ajouter que, vu l'insuffisance de ses prix et la perturbation apportée dans l'industrie chevaline par la guerre et l'état financier du pays, l'administration fait souvent, et malgré elle assurément, des achats malheureux, qui justifient le nombre plus grand des demandes de réintégration.

La vérité dans la question ne serait-elle pas que la Remonte, attaquée injustement sans doute, mais enfin obligée de plaider en haut lieu « *pro domo suâ* », se réfugie complaisamment dans ce paradoxe : Nous achetons de bons chevaux, mais beaucoup d'officiers en abusent? — Abuser des chevaux dans l'armée! mais on ose à peine s'en servir. — Il est facile de compter dans tous les corps les officiers qui montent à cheval en dehors du service. Il est vrai que la circulaire ministérielle n'est pas faite pour en augmenter le nombre.

(de guerre). Mais le premier conservera ses jambes et usera de sa souplesse dans les occasions pour la sûreté du cavalier, tandis que le second manquera d'obéissance, d'adresse et de force dans les occurrences; non pas simplement parce qu'il n'a pas été dressé dans le manége, car ce lieu n'a aucune influence sur l'adresse et la bonté de l'animal, mais parce que, faute de leçon, il n'aura pas acquis les qualités qui sont le mérite du cheval. »

Plus on relit ses vieux auteurs, plus on voit qu'ils servent tous les jours à faire du neuf.

Avant de terminer cette étude, qu'il nous soit permis de souhaiter que l'idée si sensée et depuis longtemps émise, de faire le recrutement de la cavalerie plus spécialement avec les hommes que leurs antécédents ont rapprochés des chevaux, soit une bonne fois étudiée à fond, et mise à l'essai sur une échelle déterminée. Si cette idée est pratique, son application donnera une bien grande valeur intrinsèque à nos régiments. Déjà, au siècle dernier, le général de Warnery disait que dans les pays de vignes et de fabriques à peine le paysan connaît-il un cheval, et qu'il faut « choisir les cavaliers dans les pays de fourrages, parce que les hommes et les chevaux y croissent et sont pour ainsi dire élevés ensemble ».

Depuis, une haute autorité dans les questions de cavalerie, le général Marbot, a soutenu la même thèse; il disait : « Une erreur qui n'est malheureusement que trop répandue en France, fait croire à plusieurs personnes, même à celles qui influent sur le recrutement de l'armée, qu'il suffit d'avoir des chevaux, des selles, des armes et des hommes pour former de la cavalerie, et l'on n'a aucun égard à la profession des recrues, de sorte que le perruquier et le pâtissier ont autant de facilité que le postillon et le roulier, à devenir cuirassier ou chasseur à cheval. Ce vice radical de recrutement, qui, dans les dernières années de la guerre (1812 à 1815), a fait éprouver à la France des pertes incalculables en hommes, chevaux et argent; ce vice, dis-je, se fait sentir plus particulièrement à la cavalerie légère. Des chasseurs ou hussards *qui ont leurs chevaux pour premiers ennemis*, parce qu'avant leur entrée au service ils étaient menuisiers, chapeliers, vitriers, doreurs ou autres artisans; des cavaliers ainsi recrutés pourront-ils se disperser lestement dans les bois en éclaireurs, gravir les coteaux, traverser les vignes, sauter les haies, les fossés, franchir les torrents, attaquer ou se défendre avec dextérité corps à corps comme pourront le faire des hommes qui sont pour ainsi dire *nés à cheval?* Évidemment non !

» Qu'on n'admette donc dans la cavalerie, comme le font plusieurs États, que des hommes qui connaissent les chevaux ; qu'un décret, que les officiers de cavalerie réclament depuis un quart de siècle sans pouvoir l'obtenir, quoiqu'il soit dans les intérêts de l'État, qu'un décret prescrive de ne recevoir dans la cavalerie que des hommes qui pourront prouver par des certificats authentiques qu'ils ont soigné un cheval, ou s'en sont servis au moins pendant deux ans ; qu'il n'y ait exception que pour un vingtième des recrues que chaque régiment reçoit par an ; que dans ce vingtième on comprenne des selliers, des bottiers, armuriers, tailleurs et ouvriers indispensables à chaque corps ; qu'on y admette encore, mais seulement à titre provisoire, des hommes assez rares, qui, n'ayant jamais soigné ou manié de chevaux, auraient cependant un goût et une vocation très-décidés et bien constatés pour le service de la cavalerie; et alors nous aurons une vraie cavalerie de guerre propre à éclairer et à combattre. »

TABLE DES MATIÈRES.

DU MÊME AUTEUR

Causeries chevalines, par Alexandre GAUME, propriétaire-éleveur. Un vol. gr. in-18. Prix. . . . . [illegible]

A LA MÊME LIBRAIRIE

L'Armée du Rhin, depuis le 12 août jusqu'au 29 octobre 1870, par le maréchal BAZAINE. Beau vol. in-8° cavalier, renfermant 11 cartes et plans. Prix. . . . . 8 fr.

Campagne de 1870-1871 : La Première Armée de la Loire, par le général d'AURELLE DE PALADINES. Superbe vol. in-8° cavalier, enrichi de 4 cartes stratégiques coloriées et du *fac-simile* d'un ordre du gouvernement de Tours. 3e *édition*. . . 8 fr.

Campagne de 1870-1871 : La Deuxième Armée de la Loire, par le général CHANZY. Un superbe volume in-8° cavalier de 660 pages, accompagné d'un bel Atlas de 5 très-grandes cartes imprimées en couleurs, et donnant les positions stratégiques des armées française et allemande pendant les différentes batailles et au moment de l'armistice. 4e *édition*. Prix. 10 fr.

Campagne de 1870-1871 : Orléans, par le général [illegible] PALLIÈRES, commandant en chef le 15e corps d'armée. [illegible] volume in-8° cavalier, enrichi de trois grandes [illegible] giques et de *fac-simile* d'autographes. Prix. . . . [illegible]

Campagne de 1870-1871 : Siége de Paris, opérations du 13e corps et de la troisième armée, par le général [illegible] beau vol. in-8° cavalier, accompagné d'un Atlas de [illegible] stratégiques en couleurs. 2e *édition*. . . . . [illegible]

Campagne de 1870-1871 : L'Armistice et la Commune, [illegible] rations de l'armée de Paris et de l'armée de réserve, par le Gl VINOY. Beau vol. in-8° et Atlas de cartes stratégiques. [illegible]

La Marine au siége de Paris, par le vice-amiral [illegible] RONCIÈRE-LE NOURY, d'après les documents officiels. [illegible] volume in-8° cavalier de plus de 600 pages, accompagné [illegible] bel Atlas imprimé en couleurs et contenant dix grandes [illegible] et plans des travaux français et allemands. 2e [illegible]

La Campagne des zouaves pontificaux en France, [illegible] ordres du général baron de Charette, par M. S. [illegible] capitaine aux zouaves pontificaux. Joli vol. in-18, [illegible] 1 gravure et 3 cartes. 2e *édition*. Prix. . . . [illegible]

Campagne de 1870-1871 : Les Volontaires du génie [illegible] par Jules GARNIER, chef de bataillon du génie [illegible], chevalier de la Légion d'honneur. Un joli volume in-18, [illegible] d'une grande carte spéciale. Prix [illegible]

PARIS. TYPOGRAPHIE DE HENRI PLON, RUE GARANCIÈRE [illegible]

www.ingramcontent.com/pod-product-compliance
Ingram Content Group UK Ltd.
Pitfield, Milton Keynes, MK11 3LW, UK
UKHW012206240726
13966UKWH00002B/613